いま《アジア》をどう語るか

有馬 学
松本健一
中島岳志
劉 傑
李 成市

弦書房

目次

装丁＝毛利一枝

はじめに

有馬　学

本書は、二〇〇九年一二月一二日にアクロス福岡で開催された、福岡国際文化シンポジウム二〇〇九「いまアジアをどう語るか――現代化と歴史認識のはざまで――」を原型としている。ここでは、当日行ったシンポジウム議長としての趣旨説明に、討論の内容をふまえた若干の敷衍を行う形で、本書の序論としたい。

本書の第Ⅰ部には、当日行われた松本健一氏（麗澤大学教授）と中島岳志氏（北海道大学准教授）による基調講演を収録している。両氏の基調講演には当然ながら重なる部分もあり、そうでない部分もあったが、大筋で言えば両氏ともアジアを語る共通の理念は発見できるのではないか、あるいは発見されるべきではないかという基本的な立場から発言されていると思う。その中で松本氏は、欧米と日本という認識枠組みの歴史的な展開と、そこにおけるアジアの位置という問題意識から導き出される論点を指摘され、中島氏は主として竹内好の枠組みによりながら、アジア主義の内実と、中心をなすいくつかの要素の関係の仕方を歴史的に検討された。

シンポジウムでは以上の基調講演をふまえたコメントと問題提起を、劉傑氏（早稲田大学教授）と李成市氏（早稲田大学教授）とにお願いしたが、その内容に加筆修正して頂いたものを本書の第Ⅱ部に収録した。

劉氏には、日中関係について歴史を踏まえて、現在の視点からどのように考えていけばいいのかという問題について、幅広く懐の深い発言を頂いた。また李氏には、そもそも東アジアという枠組みは一体何であり、どのように形成されたのかという問題を、根本的に問い直す発言を頂いた。主催者としては、学問的な専門分野の業績をふまえつつ、それを超えた刺激的な議論をうかがうことができたと考えている。

本書の第Ⅲ部としては、以上の基調講演とコメントをふまえて行われた討論の内容を、フロアからの発言も含めて収録した。討論に先だって、海外の若手研究者にコメントをして頂いたのも、このシンポジウムを特徴づけるものとなった。参加してくださったのは、カール・グスタフソン（スウェーデン・国際交流基金招聘フェロー）、ラン・ツヴァイゲンバーグ（イスラエル・国際交流基金招聘フェロー）、徐涛（中国・北九州市立大学非常勤講師）の三氏である。

現代化の中の〈アジア〉

今回の福岡国際文化シンポジウムは、「いまアジアをどう語るか――現代化と歴史認識のはざまで――」というテーマを掲げて行われた。このテーマの中に、シンポジウム企画者の問題意識が表現されている。「いまアジアをどう語るか」ということは、裏返して言えば、だれでも考えつくような一種類の語り方というのはもはや成立し得ないという認識を前提としている。今日の日本において、アジアを語ることの意味はかつてのように自明のものではなくなっている。世界と日本の関係はどのようなものであるべきなのか、日本はそこで何をなすべきなのかといった問題を考えるにあたって、あたかも当然のように日本がアジアの一員であるというところから語りはじめる手法は、多くの人にとってリアリティのある考え方ではなくなっている。我々は、そのような問題意識そのものが成立するのだろうかということから、改めて考え直してみなければいけない段階に来ているのではないか。

そのような状況をもたらしたものは、いうまでもなく中国やインドの経済的パフォーマンスに象徴される、アジア地域の現代化である。こんにち、東アジアもしくはアジアは、もちろんかつてのような意味での弱者ではない。貧困や暴力、政治的・社会的不正義などのさまざまな問題がなくなったわけではないが、それらアジアが抱える問題の文脈は、かつてのそれとは異なってきている。しかも冷戦体制解体後の国際関係の中で、アジアにおける現代化の進展はめまぐるしい変化をもたらしてきた。急速度の変転の前には、いわゆるアジア・ニーズの急成長などもはや遠い過去の出来事のように見えるし、ほんの数年前の日本でホットな話題であった東アジア共同体は、もはや潮が引いた後のように議論されなくなった。覇権国家化しつつある中国をめぐって、中国国内の状況とその国際的な影響をそれなりにでも言い当てた予測は、かりに数年単位の短期的なものでも存在しなかったのではないか。

そのように考えると、問われているのはアジアの問題が重要ではなくなったということではなく、それを語る枠組みや方法が過去のものになってしまっているという現実であることは明らかだろう。しかもそのとき我々は、歴史の拘束からまぬがれているわけではないのである。日本とアジアをめぐる〈歴史認識〉問題は、現代化の波に押し流されるどころか、現代化がもたらす問題と結びついて新たに意味を与えられ続けている。こうして、日本とアジアをめぐる問題の枠組みを問い直す作業は、かりにそれが有効であると仮定して、アジアの現代化と歴史認識という二つの問題のはざまでなされなければならないのである。

日本の近代と〈アジア〉

枠組み自体の問い直しを歴史からはじめるべきか否かは、見解の分かれるところであろう。なぜなら、アジアを語る自明性が失われているという考え方自体が、実は歴史主義への批判を内包しているからである。我々がなすべき問題の再構築は、過去に向き合うことからはじめるべきなのか、それとも我々は歴史の拘束を拒否すべきなのか。今回のシンポジウムのパネルが歴史的なアプローチを集めたのは、そのような問いに直ちに回答するためではなく、あくまでも問題の現在の地点を確認するためである。

従来のアプローチにおける歴史的なフレームワークをあらためて確認しておきたい。近代の日本は、長きにわたってアジアを意識してきた。もちろん、常にアジアを意識してきたといっても、その意識の仕方は非常に複雑なものであった。いうまでもなく近代日本は、アジアを意識する以前に欧米先進諸国を意識し続けてきた。明治の日本人が、自分たちはどうしたいのか、何になりたいのかと問われたときに、産業化された文明社会としての欧米のようになりたいと考えたのは間違いのない事実である。明治の日本人はそのような問いを前に、ほかに選択肢はないと認識しただろう。

それが非常に短期間のうちに国民的な合意として形成されたということは、驚くべきことではあるが、しかし相当な無理を伴った認識の転換であったことも事実であろう。なぜなら、それが日本の知識社会の思考様式を千数百年にわたって拘束してきた価値観の転倒だったからである。日本の知識社会にとって、あらゆる重要なもの、新しいもの、進んだものの源泉は中華文明であった。明治日本はそれを、西洋文明を価値の源泉とする思考様式に切り換えようとしたわけである。これがきわめてドラスティックな変化であったことは言うまでもない。総体としていえば日本人はそのような極端な価値観の転倒を何とかこなしてしまったわけだが、しかしやはりそこには非常に大きな無理があったということである。

そこからもう一方の対抗軸として、近代日本のアジアへの視線が形成される。日本が依拠すべき根拠としての〈アジア〉という考え方が、近代日本を貫いて流れる思考方法として構築されていく。それは一般に「アジア主義」と呼ばれてきた。ここでの問題は、二つの異なる思考方法の枠組みが対抗的に形成されたことにあるのではない。我々が検討しなければならないのは、それが日本人のアジアに対する視線を非常に複雑なものとし、そこにねじれをもたらしたことである。

すでにふれたように、明治の日本人が当然のように考えた道筋は、日本も欧米社会のように産業化を進め、同時に欧米から侵略を受けないで自立していけるような大国家にならなければいけないというものであった。そのような大国家になるためには、大陸に進出してそこに何らかの根拠を形成し、強力に産業化を進めるとともに、軍事的にも強大化をはかること、それもまた、きわめて大ざっぱに言えば、明治の日本人にとって自明の事柄であっただろう。

大陸に進出して大国家になるということは、日本がアジア諸国に対して、アジア諸国を植民地化していった欧米諸国と同じように振る舞うことである。だが一方で、欧米によるアジアの植民地化は、だれがどう見ても不正な、正義ではないものとしか考えられない。このような関係をどのように正当化するかは、思想的課題と言うよりは一種のアクロバットである。このようにして、欧米先進諸国とアジアをめぐる日本人の思考の枠組みは、裂け目をはらんだものとならざるを得なかったのである。

問題のそのような複雑性は、日本が一九四五年の敗戦によって、大陸に植民地や勢力範囲を持つ大国家であることを放棄せざるを得なくなったときに解消されたのだろうか。戦後日本が、かつての明治国家日本が目指したような大国家たろうとする考え方をやめたときに、日本がアジアや世界との関係をどう考えるかという問題の複雑さはなくなったかというと、どうもなくなっていないようである。こうして、〈アジア〉は戦後日本の知的世界における一つの思想的な課題として存在し続けたのである。そこでは、日本人が世界の中での自己の位置を確かめる手がかりとしてアジアを考えるという、いわば思想的な実験がさまざまな人たちによって試みられた。

たとえば竹内好の「方法としてのアジア」は、その代表的なものの一つである。近代化された西欧先進社会だけが、人類社会が目指すべきモデルなのか。もう少し違うやり方があるのではないか。毛沢東の中国は、その違うやり方で進んでいるようである。そういうものを視野に入れたときに、日本がどのような方向に進んでいくべきかについての選択肢は、かなり相対化できるかもしれない。一度そのように考えてみたらどうか。簡単に言えば、「方法としてのアジア」の中身はそのようなものであったと思われる。それは戦後日本におけるアジアへの視線の、一つの重要なあり方であっただろう。

問い直される〈アジア〉

しかしながら、いま我々がひるがえってもう一度〈アジア〉を考えようとするとき、竹内らが考えた状況との隔たり、歴史的環境の巨大な変化を認めざるを得ない。その最大の要因は、いうまでもなく先に述べたような、中国社会の急激な現代化に代表されるアジアそのものの変容である。それはかつての日本人の語りが前提としていたアジア像とは、大きく意味合いが異なったものとなっている。そのような現代のアジア、日本人が明治このかた考えてきたアジアとはおよそ状況を異にするアジアの現実を前にして、我々がもう一度自分たちの現代世界における位置を確かめようとするとき、〈アジア〉を手がかりに考えるという道筋は未だ有効なのだろうか。そのような発想に何らかの意味があるとしても、それはかつての「方法としてのアジア」とは、やはり少し、あるいは大きく違うものではないだろうか。我々の前には、そのような問いが幾重にも連なっている。そもそもアジアというものを、あらかじめ日本にとって固有の意味をはらんだ対象と考えるのはやめるべきだという見方も現に存在する。もはやアジアを考えることに積極的な意味はないという主張も、一つの考え方ではあるだろう。

他方で我々の前には、もはやアジアを積極的に考える意味などないと言い切ってしまえないさまざまな問題が、依然として存在しているのではなかろうか。我々が抜け出そうとしても、我々の足をつかまえて放さない何者かの存在を認めざるを得ないのではないか。ある観点からいえば、それが歴史認識の問題であるということになるのかもしれない。シンポジウムのテーマに「現代化と歴史認識のはざまで」という副題をつけたのは、以上に述べたような意味合いからなのである。

シンポジウムの討論では、そのような文脈を念頭に置いて、いま我々がもう一度アジアについて考えることに意味があるとしたら、それはどのような意味なのか、あるいはどのようなアプローチによって、問題の枠組みを作り直すことができるのかを問いかけたつもりである。

ささやかではあるが討論を通して確認できたことは、今や何の前提もなしにアジアというものを語る、あるいは日本がその一員であるということについて意味づけを行うことはできないということであった。そのことを前提に考えれば、さまざまな国の人々がさまざまな形でアジアを語るとき、それぞれに異なる文脈が存在するはずであり、我々はやはり相互にその文脈を理解するというところから始めるほかないのである。

劉傑氏の報告が指摘するように、歴史が過去との対話であるとしても、対話しようとしている過去とはどのポイントの過去なのかということですら、すでにお互いにわからなくなっていたり、あるいは教えてもらわなければわからないのである。そのような状況の中で、それぞれがいわば勝手にアジアを語っているというのが現状なのだろう。したがって我々はシンポジウムで提起されたように、前提となる文脈を聴く姿勢と、聴き取る能力を持たなければならない、あるいは開発していかなければならないのである。その上で、相互にどのように聴いたかを交換する努力が、要請されているのだろう。

I　アジア——共通の理念を求めて

欧米とアジアの間――日本の近代

松本健一

「太平洋」と「大西洋」

まず最初に、私たちが世界のことを考える、世界の海のことを考える場合に、「大西洋」と「太平洋」という言い方をします。東の海の方、アメリカとの間にある海は「太平洋」と呼んで、ヨーロッパのイギリスの方にある海を「大西洋」と呼んでおりまして、何ら疑問を感じていない、不思議に思っていないと考えられます。

これは現在、中国でも同じように「大西洋」と「太平洋」という呼び方をしています。これは考えてみると実はおかしなことなんですね。それはどうしておかしなことかということで、皆さんにお配りした地図には表と裏とあります（資料1、2を参照）。東半球が表側になっていまして、西半

東半球

地之爲物也、體圓如球、直徑約三萬里、周圍九萬里有奇、其運行也、旋轉如輪、一轉爲一晝夜、環日一周、即爲一年、內分東西兩半球、其陸地分五大洲、在東半球者、一曰亞細亞《アジヤ》、內有中華・日本・緬甸《ビルマ》・印度《インヂヤ》・西藏《チベット》・波斯《ペルシヤ》・猶太等國、二曰歐羅巴《エウロッパ》、內有英吉利《イギリス》・法郎西《フランス》・俄羅斯・奧地利・普魯斯・西班牙《イスパニヤ》・葡

資料１

萄牙荷蘭《オランダ》意大里《イタリー》土耳其《トルコ》等國、一曰亞非利加《アフリカ》、其內有埃及《エジプト》巴巴里《バルバリー》等國、在西半球者、一曰北亞美利加、內有美利堅墨西哥《メキシコ》等國、一曰南亞美利加、其內有巴西《ブラジル》秘魯《ペルー》智利《チリ》等國、五洲之外汪洋大海、島嶼甚夥、然天下邦國、雖以萬計、而人民實本於一脈、惟一大主宰、造其端、作其生、理其事焉、

西半球

資料2

球が裏側になっています。

これは私が持っている一八六四年（元治元年）、日本では蛤御門の変のあった年、佐久間象山*が暗殺された年でありますが、日本が開国をして、そして一〇年がたった一八六四年のその年に、中国で発行された『万国公法』、アメリカのウェートン（Henry Wheaton）という国際法学者が書いた本、それを中国語に訳したわけです。そういう本がありまして、これは日本にとっても大切なものだというので、すぐあとの一八六五年に日本に持ってきて、そして日本で復刻をする。ただ単に同じ形で復刻をしたのではなくて、よく見てもらうとわかると思いますが、漢文でありますけれども、返り点がついたり、レ点がついたりしている。ということは、これは日本人が読みやすいように、徳川幕府が発行したものなんですね。

そして表の一番左側のイギリスのところには、「英吉利・イギリス」というふうに片仮名でフリガナが振ってあります。フリガナで「フランス、ロシア、オーストリア」、そういうふうに日本人が読みやすいような形で発行した『万国公法』、今で言うと国際法「the international law」ですね。当時の訳語は『万国公法』。現在でも、台湾では万国法律裁判所とか、あるいは万国公法弁護士とか、そういう形で使っておりますけれど、日本では国際法という呼び方に変わってきて、昭和の頃に「万国公法」という言葉は余り使わなくなりました。万国旗という形で残っていますけれども。

とにかく、そういう本がありまして、その一八六五年に出たアメリカの本の漢語訳、中国語訳をしたものを日本で再発行したものに、その地図が載っているんです。世界地図が描いてあります。中国で発行されたわけですから、中国を中心にして、中国がちょうど真ん中ぐらいにあって、そしてその西側、ヨーロッパのほうには「大西洋」と書いてあります。そして日本とアメリカの間にある海は「大東洋」と書いてあるんですね。

これは、中国が世界の中央にある、中心の国であるという文化意識、世界観の上に立てば、西の大きな海というのは大西洋になる。そしてそこに接している土地というものを西洋と考えるのは当然のことです。そしてまた、東のほうにある大きな海は大東洋というふうに呼び名をつけるのも、これは中国の文化意識、世界観からすれば当然のことなんですね。

ですから、中国を間にはさんで西洋と東洋を対比しているということが明らかにわかる。その結果として、中国の中では、現在でも東洋と言ったら日本のことを指す。数年前に東京の地下鉄に乗っていましたら、日本語学校の先生が、中年の女性ですが、ちょうど中国からの留学生と立ち話をしていて、その女性の先生に対して「先生は今、日本語を教えられていますけれども、ご自分の大学では何を教えておられるんですか」と質問しているんですね。

そうしたら、その中年の女性の先生が「私は東洋史を教えているんです」と言いました。そうしましたら、中国の留学生が「あっ、日本史ですか」と言うんです。「いや、そうじゃないわよ。東洋史ですよ」と言う。「東洋史だから日本史でしょう」と中国人の留学生が言う。「そうじゃないのよ。東洋史だから、トルコからインドからシルクロードから、そういうものも含めて、中国はもちろん日本もそうですけれども、それが東洋史なのよ」と言ったら、留学生にはやはりどうしても納得できない。

それは中国人にとっては、大東洋というのは東の海のことであって、そこの中にある日本だけが東洋、そういう呼び方になるんですね。ですから、日中戦争の最中に「打倒、日本帝国主義」と言うのと同じように、「東洋鬼（トンヤンクイ）」、東洋の鬼を倒せ、そういうスローガンが掲げられておりました。東洋の鬼というのは、帝国主義的な、あるいは軍国主義的な、そういう日本を倒せという意味になっているわけですね。繰り返しますが、中国人にとっては東洋というのは日本のこと。大東洋という海の中にある小さな島国、それを東洋であると言います。

これを聞くと、韓国の留学生が怒るわけです。「私たちだって東洋ですよ」というふうに言う。「そうじゃないでしょう」と中国人の留学生が答えるのです。「あなたのほうは李朝のときに、自分たちは大中華に接している小中華であると言って誇りを持っていたじゃないですか。自分たちが小中華だと言っていて、同時に東洋であるということは論理として成り立ちませんよ。日本だけが東洋ですよ」と、中国人の留学生たちは答えるのです。つまり、ここに書いてある大西洋と大東洋というのは、中国の文化意識、世界観の上に成り立っている呼称ということです。

ところが、幕末から日本においては、西洋の文明を学んで採用しなければならないというので、先ほど議長の有馬さんが説明をしてくれましたが、日本が中華文明にスタンダードを持っていた時代から、今度は西洋文明にスタンダードを切り換えたわけです。そうすると、ヨーロッパ、アメリカの近代的な世界観、もしくは地理認識、文化意識、そういうものが入ってくる。すると、当然「西洋」と書いてあるところは何というかといったら、そこにある大きな海は「アトランティック・オーシャン」と書いてあるわけですね。そして日本とアメリカの間にある海のことは、「パシフィック・オーシャン」と言っているわけです。「アトランティック・オーシャン」というのは、正確に訳せば「大陸の海」ですね。ヨーロッパ大陸に接している海である。大陸洋とでも言ったらいいでしょうか、そういう訳になるだろうと思います。

ところが、日本とアメリカの間にあるパシフィック・オーシャンは、まさに平和の海、あるいは平らかな、和らいだ海、太平洋という呼び方になるわけです。大陸の海と、それから太平洋というのが、ヨーロッパ人、アメリカ人の世界観、地理認識ということになります。

日本は、幕末から明治にかけて西洋文明にスタンダードを切り換えましたが、その切り換えた結果として、我々がいま手にしている文化意識、地理認識、世界観は、大西洋は中国文明の呼び方そのままを踏襲して、しかし、太平洋のほうはヨーロッパの呼び方、大東洋ではなくて太平洋という、パシフィック・オーシャンの日本語訳を使うようになった。つまり、この太平洋と大西洋という呼び方の中には、中華文明のスタンダードと、それからヨーロッパ文明のスタンダード、両方が入っている。我々はそういうふうに二つのスタンダードをこの世界の海の呼び方の中に入れていて、何ら今、不思議に感じていないというのが、現実です。

そしてまた、日本人がそのようにパシフィック・オーシャンに太平洋という呼称、名前を与え、ずっとそれを使い続けてきたら、現在の中国ではその日本の呼び方と同じに、大西洋はそのまま大西洋、そしてパシフィック・オーシャンのほうは日本語訳の太平洋という形で、従来どおりの中華文明の呼び方と、それから西洋スタンダードというのを両方を使っています。

そう考えると、この二つの呼称をそのまま現在でも使って、誰も不思議に思っていないということは、幕末から明治にかけて日本が中華文明から全くヨーロッパ文明に文明のスタンダードを変えたとは言い切れない、つまり、ダブルスタンダードであるというのが日本の現在であり、また、無意識的な文化意識、世界観になっていると言えるだろうと思います。

文明開化―脱亜論

このダブルスタンダードは、実は、日本の近代にとって悩ましいことでありまして、西洋の文明を手に入れていかなければならないと明確な思想として言ったのが、福沢諭吉さんの『文明論之概略』という、明治八年（一八七五年）の論文であります。我々は東洋の文明が必ずしも劣っているとは思わないけれども、しかし、現状においては西洋の文明のほうが優れている側面がある。蒸気船とか、あるいはテレグラフとか、そういう文明的な力の問題だけではなくて、文化意識あるいは教育的な価値としても、個人とか、あるいは民主化とか、独立自尊、それを文明の価値基準として手に入れていかなければならない、ということでした。

なぜその文明開化を我々がしなければならないかというと、必ずしも西洋文明のほうが風儀がいいわけではないんだ、しかし、現状においては西洋の近代文明を手に入れなければ、アジアのほかの国々、アフリカのほかの国々と同じように、欧米の植民地にならざるを得ない。だから、日本が独立を維持し続けるためには、西洋文明を手に入れなければならないという戦略が、この『文明論之概略』という、今から一四〇年前ぐらいの論文に書かれ、そしてこれを明治政府が取り入れることになって、日本は文明開化をしていった、ということです。そういう方向に入っていったわけです。

しかし、その結果、西洋近代が文明的な理念であり、価値である、日本が目標とすべきものを持っているという主張になってくると、いつになってもその近代化を始めない、西洋文明を手に入れないでヨーロッパの植民地になる危険を持っている中国あるいは朝鮮半島、それらと従来どおりの友好関係を持っているわけにはいかないと考え、福沢諭吉さんが一〇年後に書いたのが『脱亜論』（明治一八年）という論文です。

中国及び朝鮮半島、「支那、朝鮮」と書いてありますが、支那、朝鮮は従来どおりの東洋文明、より具体的にいえば儒教になずんでいて、西洋近代文明を手に入れない、そういう状態では、必ず欧米の植民地にならざるを得ない。だから日本はそういう儒教になずんでいる悪友たちと手を切っていかなければならない。そういう主張が「脱亜論」であります。

　ある意味では、中国・清朝だって、そのころから現実的には近代化をしていくわけですけれども、文化意識としては、従来どおりの儒教文明的な物の考え方、文化意識、世界観を持っている。例えば日本は一八六二年、先ほどの元治元年の二年前でありますが、佐久間象山が、中国のように他国を夷狄とか夷国——「攘夷運動」の「夷」という文字を書きますが——と呼ぶのはよくないのではないか。一を書いて、弓を書いて、人を書く。外国のことを武器をもった野蛮人という意味での夷という字を使っている。文明的な意味でいうと、今は西洋のほうが進んでいるではないか。にもかかわらず、それを「夷狄」と呼び続ける。なぜ「夷狄」の夷という字が野蛮人という意味かというと、真ん中に人が書いてあるから人間であることは確かである。しかし、一を書いて弓ということは、弓を持って引いている。一というのが手を広げている象形文字になります。ですから、武器を持っている野蛮人である。「狄」も北方の毛皮をきた北方の野蛮人、という意味です。中華は文を持っている、文字を持っている、文化を持っている、文章を持っている。文というのは飾りでありますから、飾りを付けて、ちゃんと服を着ている。そういうふうに、裸の姿を見せないという形での飾りをつけている、服を着ている。文化のほうが武の上ですね。

日本人は「文武両道」というのをいいことに考えておりますが、中国、朝鮮にとっては、文武両道なんてことはおかしいことである。文が上であって、武という武器を持ったり、あるいは武芸を磨いたり、体を鍛えたりするのは卑しむべきことであるという文化です。ですから、李氏朝鮮時代の両班、貴族でありますが、彼らは刀を振り回したり、あるいは野良仕事に精を出したりは絶対にしない。常に文章を読んで、あるいはまた漢文で公文書を書くという形での仕事をし、切磋琢磨している。

日本人は体を動かすということを厭わないですから、武士でも武芸を磨くばかりでなく、百姓仕事をして田んぼを耕したりする。そういう文化意識は現在でも残っていて、例えばスーパーマーケットでビールの空びんの入ったケースが通路に置いてあったら、社長でもマネージャーでも全部自分で片づけます。「何々君、これを片づけなさい」と言わないで、見つけたら社長でも自分で片づけてしまうのを恥ずかしいとは思わない。ところが、欧米もそうですが、中国、韓国では、そういう仕事、肉体労働をするのは低いと見なしますから、「何々君、これを片づけなさい」と言うわけですね。

とにかく、日本ではそういう文武両道の結果とすると、戦争中は現役軍人でしか陸海軍の大臣になれないという形をとったり、日本の首相では軍人から何人も首相になった人がおりますね。伝統的な中華文明の中では、軍人は将軍まではなれるけれども、諸葛孔明のような宰相、首相役には絶対なれない。どんなに強くても、どんなに偉くても、張飛あるいは関羽は将軍どまり。そういう形での武を下に見るという傾向が出てくるわけです。

とにかく、そういう形で儒教になずんだり、中華の文化意識をそのまま持ち続けるということになると、西洋の文明、「独立自尊」の精神、あるいは大砲、軍艦、テレグラフという近代技術もなかなか手に入れようとしない、そういう欠陥が出てくる。そのことによって一八四〇—四二年の阿片戦争で、その当時三億の人口がいる中国が、イギリス本国は一千万人しかいないにもかかわらず、負けてしまう結果を生むことになります。

一九九七年に香港が返還されましたけれども、その少し前に私は香港に行って講演をしました。そのときに当然香港ですから、阿片戦争の話をしたんですね。講演が終わった後で、現地の香港の人々が「松本さん、阿片戦争という名前を言ったけれども、我々は阿片戦争という言葉を知りません」と言うんです。少なくとも建前としては知りません。「そんなばかな話はないでしょう。人口一千万人のイギリスと戦争をして、負けて、香港を取られたではないですか」と言いました。もともと戦争の発端は、阿片をイギリス人が密売している。清朝政府の命令にもかかわらず、勝手に売りさばいている。これに清朝政府が怒って、阿片を海の中に投げ入れたり焼いたりした。これが戦争の発端になったわけです。だから、阿片で戦争が起こったじゃないかと。

これに対して、「いやいや、香港では一九九七年の返還までは、我々が使っている教科書というのはイギリス製の教科書ですから、阿片戦争という名前を書いた瞬間に、何だ、イギリス人は阿片を売っていたのかということがわかってしまうから、そういうことは書いていません」と言うんです。では、どう書いてあるかというと、「イギリス人は世界に自由を広めた。自由貿易をやろうと言って世界の海に出ていった。七つの海を支配した」ということですね。

だから、イギリスが自由貿易をしていたにもかかわらず、その商品を、中国人が、清朝政府が海に投げ込んだり、燃やしてしまった。我々の自由貿易の製品（goods）を海に投じたり、燃やしてしまったりしたので、戦争になった。つまり、我々は世界に自由、自由貿易を広げていったのだという主張のために、阿片戦争という文字は書けなかったということです。そういうことがほんのこの間まで起こっていた世界史の実態であります。

「文明」批判としてのアジア主義

日本は西洋文明のほうに舵を切って、植民地にならないという選択をしていました。その結果として、『脱亜論』という論文が書かれた。しかし、その西洋文明を理念化して、絶対化していいのか。ヨーロッパがアメリカを文明国と呼び、日本を文明国と呼ぶようになったのは、日米両国が植民地を手に入れたときでした。日本が日清戦争（一八九四―九五年）で中国から台湾を割譲させ、植民地化する。アメリカが米西戦争、スペインとの戦争で一九〇〇年に勝ちます。そしてその結果、フィリピン・グアムを手に入れ、ハワイを併合し、キューバを保護国にする。植民地を初めて手に入れた。植民地を手に入れないと文明国になれないというのが、ヨーロッパの国々の当時の常識なんです。

フランスがエジプトに行って、小麦、金、そういうものを取ってきて儲かる戦争を始めた。それはナポレオンからでありますが、とにかくそのように植民地から、アジアやアフリカの国々から戦利品、物資を持ってこなければ、石の舗道もつくれない、鉄道も敷けない、国会議事堂も大理石で建てられないというのが、そういう時代のヨーロッパでした。フランス革命のときにはシャンゼリゼの道だって全部泥道で、石畳じゃないいんですね。日本よりももっと面積の小さな国がヨーロッパには多いんです。大きい国というのはフランスとスペインぐらいです。あとはみんな日本より小さい国です。

例えばベルギー、オランダ、ポルトガル、ルクセンブルグ、小さな国でもみんな植民地を持った。ベルギーに行って、女性たちが買ってくるのは、ゴディバのチョコレートですね。あるいはベルギーダイヤモンドという国策会社があって、そこのダイヤモンドというのは世界でベルギーが支配する、値段も決めるというのがベルギーである。だけど、よく考えてみると、ベルギーにチョコレートとかダイヤモンドなんか産れない。チョコレートのもとのカカオ豆なんてとれないですね。アフリカでコンゴという植民地を手に入れたから、ベルギーはそういうことができるようになったわけです。

とにかくそのような形で植民地を、日本が台湾を手に入れ、アメリカがフィリピンを手に入れ、キューバを保護国とするときになって、つまり一九〇〇年、二〇世紀に入ったときに、ヨーロッパは日本とアメリカを文明国と呼ぶようになった。

そして、これはそのときに書かれるようになったのですが、岡倉天心*が、例えば彼の一番有名な本、日露戦争の後の一九〇六年に『茶の本』を出した。日本人が江戸時代にお茶を愛した平和的な文化の国民であったときには、日本のことを野蛮人と呼び、ところが、満州の野原で数十万の大殺戮を行った——実際には数十万ではなくて、一六万ぐらい。ロシア軍一〇万、日本軍六万の死者が出た——、そういう大殺戮戦争をやって日本が勝ったときには、ヨーロッパは日本のことを文明国と呼ぶようになった。江戸時代にお茶を飲んで平和を愛して文化を貴んでいたとき野蛮人という言い方はおかしいのではないか。そういう形で「力」の西洋文明に対して、日本及び中国、インドまで含めたアジアは力ではない、「美」の文明、もしくは「愛」の文明であるという形で、力に対抗する形で美の文明と捉えるならば、アジアは一つである、というのです。

「ヨーロッパの栄光はアジアの屈辱である」という言葉が、『日本の覚醒』という岡倉天心の一九〇四年の本の中に出てきます。「ヨーロッパの栄光はアジアの屈辱である」。そういう状況が一九世紀終わりごろから二〇世紀初めにかけてあらわれてきました。これを西洋文明、今は力の文明の前において、屈辱においてアジアは一つであるけれども、本来的にいうと美の文明である。力ではなくて美の文明である、愛の文明であるという形で、岡倉天心はアジア主義的に西洋文明批判を展開したということです。

そういう意味でいうと、福沢の『脱亜論』というのは、まさに文明開化に舵を切っていった日本の画期的な選択でありますし、その代表的な思想家でありますが、それと同時に、それに対抗する形で岡倉のアジア主義という、そういう思想的、精神的リアクションが引き出されてきたと考えられます。

日本はその後、ヨーロッパ文明に学んでテリトリーを手に入れる、植民地を手に入れるという形で、文明開化の次には、ヨーロッパと同じような帝国主義化を図る戦略をとっていったのです。その結果、そういうナショナリズムに発した戦争をする、テリトリーを手に入れなければ日本は発展できないという、そういう切羽詰まったテリトリー・ゲームの戦略によってアジアに進出、侵略していった。

先ほども竹内好*さんのことがふれられておりましたが、竹内好さんは日本の大東亜戦争の二重性格について指摘していました。私は「大東亜戦争」という言葉を、竹内好さんと四十何年前に会ってからずっと使っております。「太平洋戦争」と、今、日本の教育では教えられておりますが、私はそれを使っていないんです。そうすると、「お前は反動思想の持ち主ではないか」とか、この間、韓国に行っても、そういう批判が出かかったんです。私はちょっと待ってくれと。「大東亜戦争は侵略戦争であった。少なくとも中国、アジアに対しては侵略戦争であった」。そういう表現はテーゼとして成り立つけれど、「太平洋戦争は侵略戦争であった」というテーゼは成り立たないんですね。アメリカと日本が太平洋を舞台に覇権を争って戦った、そういうイメージが太平洋戦争ですから。そしてまた、アメリカ側はこれを大東亜戦争における大東亜の解放なんていう理念は虚偽なので、日本の軍国主義、ファシズムとアメリカの民主主義が戦った戦争なんだから、太平洋戦争と呼びなさい、とアメリカから言われてそう呼ぶようになったわけですね。

これは「神道指令」という昭和二〇年一二月（一九四五年）のＧＨＱ＝アメリカの指令でありました。少なくとも公文書では大東亜戦争と書いたりしてはいけないという命令のもとに、日本は太平洋戦争というふうに呼ぶようになったのです。

ともかく、「太平洋戦争は侵略戦争であった」というテーゼは立てられない。むしろ太平洋戦争は大東亜の解放、植民地化されるアジアの解放という理念を掲げながら、実際にはアジア、中国への侵略戦争であった、そういう二重性格を持った戦争であったと。

実は、私は一九一五年の「対支二十一カ条の要求」が日中戦争の発端、最大の原因であると思っています。対支二十一カ条の要求は、第一次世界大戦で勝ち組になった日本が、ドイツが中国に持っていた、特に青島を中心とする山東半島の利権をよこせと言ったものです。フランス、イギリス、ロシアといった国々は、自分たちもそういうことをやってきたわけだから、これを認めた。
しかし、そのようにして対支二十一カ条の要求が通れば、アメリカが最大の市場であるはずの中国から追い出される。英仏露はすでに利権を獲得しているのです。アメリカが幕末以来、日本に開国と通商を求めたのも、これ本来的にいうと中国に行く予定だったんですね。巨大な市場がある。アメリカが一生懸命自分たちで綿を取って、それをシャツにしたところで、ヨーロッパのどこにも売りに出られないのです。

それはなぜかというと、イギリスが全部ヨーロッパの市場を占めていますし、そして原料はインドから綿を持ってくる形で世界の市場を制覇していたのです。産業革命というのは最初はみんな軽工業、繊維工業から始まります。ですから、アメリカも自分たちの土地でとれる綿を使ってシャツをつくる、洋服をつくる。それをどこに売りにいきたいかといったら、世界の中で巨大な市場として残っているのは中国だけでした。だから、中国に出ていこうと思った。

あるいはまた、捕鯨船を使って鯨の油を取る。石油が燃料・エネルギーとして役に立つということがわかる前は、ヨーロッパの照明、部屋の中の灯かりは鯨の油でやっていた。だから、世界に鯨を捕りにいって、まずオランダ、ノルウェー、イギリスが大西洋の鯨を全部捕り尽くして、全くいなくなってしまった。そのために中国の上海のほうに拠点を置いて、日本近海に鯨の油を捕りにくる。つまり、中国の市場というものと、それから鯨を捕りにくるときの補給、海難事故の避難のためには、途中の中継点になるような、そして基地として欲しいというのが日本の港であった。だから、日本の港を開いてくれ、開国と通商を要求するという歴史になってきた。

もともとアメリカは、中国に進出したかった。しかし、日本に対支二十一カ条のようなものをやられていく日本軍の駐屯と日本警察の駐在を認めたら、中国は全部日本の市場になってしまうだろうというので、アメリカは機会均等、それから門戸開放という大スローガンを掲げて、これは近代の普遍的な理念ですから、自由貿易をするために機会均等、そして門戸開放を日本に要求する。その思想の上に立てば、当然日本の対支二十一カ条に反対するという形になる。対支二十一カ条を間に挟んで、それは要するに日本の植民地政策、あるいは侵略策であるから反対をするというので中国とアメリカに反日運動が起きます。

その反日運動、民族主義運動が起こっている中国と、国策のためのアメリカが手を握って、日本はそのアメリカと中国に挟み撃ちをされるきっかけをつくったのが対支二十一カ条ですから、そうだとするならば、その米英帝国主義的要求を出す、そしてアジア、中国に対しては植民地主義、侵略策をとる、つまり米英に対しては帝国主義「間」戦争、中国・アジアに対しては帝国主義「的」戦争、という二重性格を持った日本の政策は、この対支二十一カ条から始まっていると考えられます。

北一輝と徐楽斎

この対支二十一カ条を一番批判したのが、私が四〇年研究しております「北一輝」という人物です。北一輝*はナショナリストと呼ばれる。あるいは右翼とも呼ばれる。しかし、対支二十一カ条は、日本の大隈重信政権が提出した侵略政策でありました。その当時のナショナリスト、愛国者と言われている人々は、これは日本の利権の問題なのだから当然だろう、と考えた。しかし、北一輝はそうは考えなかった。

中国は独立運動を起こしていた。中華民国もつくった。そういう国に対して日本が対支二十一カ条なんかを要求すれば、辛亥革命をやって民族の独立を目指し、その後国民国家をつくろうとして近代化をしようとしている中国の革命家たちが、つまり自分と一緒に辛亥革命に加わった同志たちが、今、反日運動を起こしているのは当然ではないか。だから対支二十一カ条は引っ込めろと言って、大隈重信政権に立ち向かっていったわけです。

これをファシストとか、あるいは右翼と呼ぶことができるでしょうか。北一輝は確かにナショナリストです。けれども、日本のナショナリスト、あるいは日本のナショナリズムの名誉のために言っておくならば、そのナショナリストの中には、中国のナショナリズムも当然正当に認めなければいけない、韓国のナショナリズムも正当に認めなければいけないという真っ当な考え方が出てくるわけです。そのように北一輝問題というのは、二・二六事件によって軍事クーデターを起こしたというのだって、ちゃんと国民軍の意味を評価し直さなければいけない。戦前の日本の軍隊は「天皇の軍隊」でした。しかし、昭和七年、八年、九年という、農村が貧しくなって疲弊し、農民が老父母を死なせたり、妹さんを女郎に出したりしなければならない、そういう貧しい、苦しんでいる国民のために蹶起せずして「国民の軍隊」と言えるか。そういうふうに北一輝は考えるんですね。ですから、「天皇の軍隊」であったものを「国民の軍隊」にする。そうしたら国民のために決起しなければいけない。そういう考え方です。ですから、私が北一輝問題にずっと長い間こだわってきたのは、そういう問題を考えてもらいたいと思ったからです。

私はそのころから、この福岡の黒龍会の内田良平*さん、これは右翼の人ですが、その右翼の発端と言われる「天佑侠」が、東学党の朝鮮独立、李氏朝鮮への反政府運動に呼応し、加わっている。これは日本軍の侵略への先導役であるという、そういう考え方も今ではなされておりますけれども、そんなに単純な問題ではないんですね。

この内田良平も入った天佑侠に加わっていたメンバーの一人に吉倉汪聖*という人物がおります。この吉倉汪聖は黒龍会の創立幹事です。内田良平が組織して、頭山満の弟分としてナショナリズムの運動を明治三三年に始めますが、その黒龍会の機関誌『会報』の中で、豊臣秀吉の朝鮮征伐に対して抵抗していったパルチザン将軍——パルチザン将軍としては書いてありませんが——山岳に拠って抵抗運動をしていた人物に徐楽斎（ソ・ナクチェ）という儒学者がおります。この人物が陣中日記を残しているのです。「今日はどこに食糧を届けた」、あるいは「兵を組織して、朝鮮半島の大邱（テグウ）というところの禅寺に立てこもって、いろいろな支援をしていた。抵抗運動をしていた」と。

徐楽斎は、今まで出ている秀吉の朝鮮征伐に抵抗した朝鮮民族、あるいは武将という名前では一度も出たことがない。ところが、明治三四年の黒龍会々報で、吉倉汪聖はこういう徐楽斎の日記があって、今まで全く歴史上で知られていない人物も豊臣秀吉に抵抗した、彼は東学党の指導者・全琫準に匹敵すると、この日記を紹介しておりました。

私は、その大邱近くの公山城というところにあります根拠地の桐華寺という禅寺に行きました。だれに聞いても知らないんです。その禅寺のお坊さんも知らない。ここに昔、豊臣秀吉に抵抗して立てこもった抵抗軍がある、それも農民軍だ。この指導者の徐楽斎という人物を知らないかと尋ねたら、知らないと言う。このお寺の名前とか、そこの拠点にした土地の名前は出てくるから、それは間違いないだろうと思うけれども、それは知らない、と言っていた。ところが、吉倉汪聖は明治三四年にその徐楽斎をパルチザン将軍というとらえ方で、非常に高く評価しています。天佑侠は従来の評価では侵略者であると言われているけれども、しかし吉倉汪聖については、そういうナショナリストであるから、逆に朝鮮半島の、あるいは朝鮮民族のナショナリズムに対して正当な評価をした、といえるのではないでしょうか。

やっと昨年（二〇〇八年）になって、『徐楽斎全集』全五巻というのが韓国で出版されました。それは漢文とハングルの両方で書かれています。彼は漢文で全部書いていますけれども、今、ハングルの現代語訳ができた状態であって、こういう徐楽斎という抵抗的パルチザン将軍、もともと儒学者ですが、これを評価したのは日本のナショナリストだったと私は思っております。その徐楽斎問題というものも、天佑俠の評価の問題として非常に大きな意味を持ってくるだろうと思っています。

アジアに復帰する日本

さて、話が現代のナショナリズムに急に飛びますけれども、私は二〇〇九年の八月二八日に、中国の『東方早報』（オリエンタル・モーニング・ポスト）という新聞から「民主党政権が成立して日本の新政権はどういうふうに政治を変えるのか」を書いてくれと頼まれ、発表しました。当然、民主党が政権を取るだろうから、その先を書いてくれと言われて、選挙の結果が出る前に、投票日は三〇日ですから、その二日前の『東方早報』にその論文を発表しました。

日本の中においては、官僚主導体制に対する変革というものが起こり、政治主導の体制というものを作っていくであろう。そして、対外政策としては、一二〇年にわたって脱亜入欧していった、脱亜論を実践して西洋文明のほうにスタンダードを切り換えたかに見える日本は、いま改めてアジアに復帰していくであろう、と。これは日本語に翻訳されて「日本はアジアに復帰する」という論文名で『中央公論』の二〇〇九年一一月号に載っておりますけれども、もともとの論文は中国語の『東方早報』という新聞に載ったものです。

つまり、そこでは一二〇年にわたる脱亜入欧、脱亜論、文明開化するという方向性を改めて、日本はもう一度アジアに復帰するに違いない、そういうことを述べております。その論拠とすると、福沢さんというのはやはり物の見えていた人ですから、明治一八年の『脱亜論』の発表段階では、アジア諸国は今の段階で儒教文明になずんでいて、西洋文明を導入して独立を守ろうとしない、華夷秩序と大中華思想を墨守している、そういう中国あるいは朝鮮とは手を切っていかなければならない。いまは支那、朝鮮と手を携えて、ともに「アジアを興していくべきとき」ではない。だからその悪友とは手を切っていく、と述べております。

だから、この福沢の真意を読みとれば、二一年前に韓国がソウルオリンピックをし、経済発展をした。その必然性とすれば、西洋文明、つまり科学技術も手に入れる、近代化もする、国民国家化するという形で、まさに西洋文明を手に入れて、現在の韓国の繁栄がある。そしてまた、昨二〇〇八年は中国で北京オリンピックが行われた。経済発展は目ざましい。そして国民にも民主化要求が出始め、国民に思想の自由とか、今では中国の中では宗教の自由も一応許されているんですね。三〇〇〇万人のキリスト教徒がいます。これは政府の公式統計で出ています。

ただ、私が一昨年、香港の学者などを含めたところで、「中国にはキリスト教徒が三〇〇〇万人いる」と言ったら、「その情報は古い、八〇〇〇万人います」と言われました。これは政府に正式に登録をされているキリスト教徒、教区に入って、教会で受洗をした人々だけではなくて、中国の各地に行くと、いま地下教会――ちゃんとした教会なんですが、昼間入っていくと、いろいろ制約を受けるから――に夜行く。中国の場合は教会の後ろが多く山なので、裏山からおりてきて、食料をもらったり、あるいは医療行為をしてもらったり、薬品をもらったりするという人々が全部キリスト教徒だと名乗っている。それを混ぜると八〇〇〇万人だと言うんですね。

一五〇年くらい前（文久二年）に高杉晋作*が上海に行ったときに、もう上海はヨーロッパが租界をつくっておりました。欧米人が自由に振る舞っておりました。そうすると、まず教会を建てる。そこで食料を中国人にあげたり、医療行為をしたりする。そして結果、みんなキリスト教徒になっていく。これは西洋の非常にうまい浸透の仕方であると言って、しかし、その先にはちょっと危ないこともあるから気をつけなければいけないと、高杉晋作が日記に書いております。高杉晋作が中国の上海に行ったのは一八六二年、太平天国の乱の最中でありましたけれども、そういうふうに書いていています。太平天国の乱もキリスト教の影響のもとに起こった反清朝の反政府運動ですね。

「共生」という理念

とにかくそういう状態から一五〇年、そしてまた、日本の脱亜論が書かれた状態からすると、あれが一八八五年ですから、一二五年後、アジアで中国、韓国が経済発展をし、国民国家化する、ある部分では民主化もするという状態になっていったら、日本は今こそともに手を携えてアジアを興していく、復興させていくべき、そういう新しい歴史の時点に立っているのではないかというのが、私の考えです。

ですから、私が東アジア共同体という主張をしているのも、単に経済的に自由貿易協定を結んでいこうという、それによって東アジア共同体ができるかのような錯覚に陥っている外務省とはちょっと考え方が違う。今こそ西洋文明を手に入れたアジアの国々というものが、アジアをともに興していくべき歴史的な時点に立っているのではないか、という考えなのです。

こういう見解を、私が二〇〇九年の一一月に「北京・東京フォーラム」で述べましたら、中国の元ベルギー大使の呉建民（ウ・チェンミン）さんという方が、なかなかの思想家でありますが、それはしかし、共同体というからには理念がなければいけない。共同の理念がない共同体というのはあり得ないだろうと質問をしてきました。反論と言ってもいいですね。

そういう共通の理念、共同の理念というものがあり得るのかという質問だったので、私個人の考え方とすると、それは西洋文明が「民主」という理念を持っているとするならば、アジア文明は「共生」という理念を持っているんだと。西洋諸国は民主という理念を持っているから、みんなが自由に行動できて、経済活動も自由にできる。そうすると社会が非常にダイナミックに発展し、その結果、豊かさを手に入れる。

ところが、アジアにはその民主がないではないかという形でずっと批判されてきた。民主という理念がないから発展もできない。その結果、相変わらず貧しさがある。停滞をして貧しい状況がアジアである。たしかに、私が大学生であった一九六四年ごろまでは、こういう民主、発展、豊かさのヨーロッパと、非民主、専制・独裁と言ってもよいわけですが、そういう専制と、そのため社会は停滞をしていて、人びとが豊かさを手に入れることができないアジアと、こういう対立関係でヨーロッパとアジアを対比していたわけです。

しかし、今や日本も含めたアジアの経済発展は非常に顕著になっております。そうすると、アジアの中には、東アジアの三国も含め、東アジアだけではなくて、インドまで含めたい、というのが私の考え方でありますが、そのアジアの文明は、ヨーロッパが「民主」という理念を持っているとするならば、「共生」という理念を持っている、社会的価値観を持っている、と。

川上で水を独り占めしていいかといったら、川の水は全部下流までひとしく、きれいに流して共用しなければならない。すべての農家がその水を利用できる。隣の村は川の右側にあっても左側にあっても、水飢饉などのときには一時紛争が起きたりしますが、しかし、その水を共同利用するシステムを作っていく。そして共に村が生き抜いていく、共生していく、自然と人間が共生すると同時に、人間がムラを超え、民族を超えて共生する。そういう理念があるんだ、と。

ヨーロッパの国境は直線で引かれることが多い。アメリカの州の境を見れば、みんなそうですね。真っ直ぐ引かれている。フランスとイギリスが、スペインが分け合ったところですから、真っ直ぐに州境を引いている。ところが、アジアではメコン川の向こうとこっち側、ヒマラヤ山脈の北側と南側、そういう形で国境を分け合っているんですから、国境線というのは全部曲線になっている。これがアジア的な特性だ、と私は言った。

その主張に関して、『阿片戦争』という映画をつくった謝晋（シェ・チン）さんという監督がおります。『芙蓉鎮』という名作がありますが、日本では芙蓉という花がありますけれども、中国では蓮のことで、『芙蓉鎮』というのは「蓮の村」、有名な文化大革命における人間の悲劇と希望についての映画です。その監督が「松本さんの言うとおりで、確かにアジアの国境線で真っ直ぐなところはありませんね」と。もちろん、例外はあります。朝鮮半島の三八度線でほとんど真っ直ぐ引かれているところと、それからパプアニューギニア、それにチモールではオランダとポルトガルが分け合ったから、基本的に真っ直ぐの線になっている。そういう例外はありますが、アジアにおいては国境線は曲線である。それは理念的にいうならば、自然に立脚した共生という思想があるからだ、理念があるからだ。これをもう一度取り戻していくことが必要であると。

呉建民さんに対しては、もっと具体的な話をしましょうか、と言った。アジアでは、特に東アジアでは過去に宗教戦争というのが起きたことがありません。中国寺院に行けば、お釈迦様と孔子と老子の像が一緒に立っていたりする。日本の神道でも金比羅様と、これはもともとインドの鰐の神様ですが、隣の部屋に観音様が飾ってあって、そして中国の福建あたりの海洋民族の神さま、媽祖様が飾られている。この福岡にも媽祖廟があると思います。長崎にもある。中国人が世界に出ていったところには、台湾、シドニーやサンフランシスコ、みんな媽祖廟があります。平戸の金比羅神社にはそういう媽祖廟があって、その隣に鄭成功様*を祀っている。一軒の家の中にクンビーラ（鰐の神様、インド原始宗教）、それが神道になりますけれども、神道と仏教と媽祖廟と、それから鄭成功を祀っていて、宗教戦争は起きていない。そういうところはアジアにいっぱいある。宗教戦争が起きていないのが東アジアだ。この現実は、理念的にいうと「共生」の問題にかかわってくる、と私は言いました。

そうしましたら、呉建民さんが、なるほどそう言われてみれば、宗教戦争はアジアにはない。これは、そういうアジアの文化の共通性、文明の共通性を探っていけば、確かに「共生」という理念を共同体の理念にしていくことも可能だ、と答えてくれたわけです。

東アジア共同体に向けて

大体、二〇二五年から二〇五〇年くらいにかけて、アジアはみんな経済発展をした結果、中国のＧＤＰ、世界におけるＧＤＰの割合は一五％になるといわれております。インドは一〇％になる。

そして日本は五％になる。日本が中国の三分の一というのは悲しいと思われる方もあるかもしれませんが、人口は中国のほうが一〇倍いるわけですから、そうすると、逆に日本の一人当たりのGDPはその当時でも中国の三倍ぐらいになるという計算になります。ともかく、この二〇二五年から二〇五〇年にかけて、中国のGDPは世界の一五％、インドのGDPは一〇％、日本は五％という時代が必ずや来るでしょう。

この点に関して、実は非常におもしろい、注目に値する問題があります。今から二〇〇年前の一八二〇年代から三〇年代にかけて、つまり、阿片戦争が起こる一〇年前です。イギリスは産業革命を行っておりました。その産業革命によってイギリスは経済発展をして「世界の工場」になるわけですが、そのイギリス発の産業革命がヨーロッパ全土に定着をするのは一八四〇年代なんですね。その前までは、あの蒸気機関とか鉄道とか、そういう近代文明は世界のみならず、ヨーロッパにもアメリカにもほとんどなかった。そうすると、人間の生活水準、文化水準は、アジアとヨーロッパでそんなに変わらなかったのです。その一八二〇年から三〇年、つまり、阿片戦争が始まる一〇年前、ヨーロッパ全体に産業革命が浸透する一〇年前でありますが、そのときのGDPは、中国が世界の一五％、インドが一〇％、日本が五％なんですね。中国では清朝が、インドではムガール帝国が、そして日本では徳川幕府がまだまだ健在でした。

つまり、その一八二〇年から二〇〇年たった二〇二五年ごろ、アジアの国々が西洋近代文明を手に入れて経済発展をしていった結果とするると、アジア人もみんな、自動車を持ったり、テレビを持ったり、生活水準がヨーロッパ、アメリカとほとんど変わらなくなってくると考えると、やはり一八二〇年代、産業革命の前と同じようなＧＤＰの割合になっても、少しも不思議でない。そしてこの東アジアの中国・インド・日本の三国を中心にして、東アジアの国々のＧＤＰを合わせると、世界の四〇％に達するであろうといわれております。こういう予測が出てきている。現在の一五年後から三〇年近く後の間に、そういうアジアの経済発展が現実のものになっていく。世界のＧＤＰの四〇％を占めることになるだろう。

そうすると、我々アジア人が二一世紀半ばにつくる新しい文明とはどういうものなのか、ということをきちんと視野に入れていかないといけない。それが私の「共生という理念を持った東アジア共同体を構想すべきである」という考え方なのです。

そういうふうに、この一五〇年日本の歴史をたどる形で、日本は欧米とアジアの間に挟まれて、日本の近代化＝西洋化でいろいろな矛盾、あるいは克服しなければならない問題を抱えてきたけれども、日本がアジアで失敗をしたという経験を生かすことができるともいえるのです。アジアで最初に西洋近代文明をとりいれて、帝国主義的な失敗をした日本は、その失敗の経験の上に立って、東アジアの繁栄と二一世紀の新しい文明像を世界に示していく責任があると思うのです。それも西洋近代文明の理念を超えるような理念を持った——「民主」という理念は必要であるし、世界を元気づけてきましたが――アジア人がその新しい文明を考えるべき、そういう地点に立っているというのが私の考えていることでありますし、今日、皆さんにお伝えしたいと思ったことであります。

以上で私の報告を終わりたいと思います。ありがとうございました。

アジア主義を問い直す——支配と連帯のあいだ

中島岳志

私の研究にとって福岡というところは非常に重要な場所でございまして、私の大学の卒業論文は「ラース・ビハーリー・ボース論*」でした。その一〇年後『中村屋のボース』という本にしたのですが、ボースという人物を調べることが私の青春でした。ご存知のように、このボースを助けたのは頭山満*を初めとした玄洋社の人々です。私はその玄洋社の研究、あるいはさらに中野正剛*や広田弘毅*、そして戦後の谷川雁*や、あるいは森崎和江*さん、そういった一つの文脈、水脈、福岡が生み出してきた思想潮流というものに僕は非常に引かれるもの、心震えるものがあります。

この福岡ユネスコ協会は、僕が非常に大きな思想的な影響を受けた竹内好、そして橋川文三*と非常に深いつながりを持った会でいらっしゃいます。聴衆の皆様方の中でも、この会でお話をされている竹内さんや、あるいは橋川さんのお姿をご記憶の方はいらっしゃることだろうと思います。私は残念ながら一九七五年生まれですから、大学に入ったころはもう九〇年代でございまして、そのころにはお二方ともご存命ではなかったということで、お目にかかったことはありませんでした。

さらに、私自身がラース・ビハーリー・ボースという人物を知るきっかけになったのは松本健一先生の本です。『大川周明』*という本をお書きでいらっしゃいますが、ここで私はボースという人物を知りました。そんなことで、今日はこちらで松本先生の後にお話をさせていただくということを非常に光栄に思っております。

さて、今日は「アジア主義を問い直す」ということで、ざっとこの一五〇年間というものと、日本の思想がアジアとどう関わってきたのかということを、皆様とともに考えてみたいという趣旨でお話をさせていただこうと思っております。

そのときに、やはり私のこの問題を考えるときの思想の軸になるのは、どうしても竹内好という人物であります。竹内好に私が非常に大きな影響を受けたのは、一九六三年に彼が編集をしました『アジア主義』(筑摩書房)という本です。そこで当時、タイトルは「アジア主義の展望」という文章を彼は巻頭に書いております。今は松本先生が編集されて、岩波現代文庫で松本先生の解説がついて出版されています。もとの論文は一九六三年ですから、もう半世紀ほど経とうとしていますが、いまだにアジア主義を考えるときにはスタンダードになる、非常に重要な枠組みを提示している論文であろうと思います。

その論文を少し基礎に置きながら、竹内好をたどりつつ、一五〇年のアジアというものを日本の思想の中から見ていきたいと思います。

アジア主義の構造

まずアジア主義の構造について、竹内好は次の三つのようなものに分類しております。

一つは政略的なアジア主義というもの、あるいは政治的アジア主義と言ってもいいかもしれません。日本の国防や資源の獲得というものを目的として、アジアを見つめていくようなあり方です。パワーポリティクスの論理と言ってもいいかもしれません。

二つ目に、竹内が非常に重要視したのは、心情的アジア主義というものです。彼がエディットした『アジア主義』の中では、中村屋のボースを助けた中村屋の女主人の相馬黒光*という人物を、心情的アジア主義者の代表的な人物として、彼女の回想をここに収録しておりますが、心情的アジア主義というのは、欧米列強に対する屈辱とアジア諸国に対するある種の同情を共有するあり方です。

さらに竹内が重視したのは、もう一つ思想的アジア主義というものがあり得たのではないのかということです。これは後に「近代の超克」論につながっていくような、西洋がもたらした近代のあり方に対して、別の道があるのではないのか。こういう問いとして思想的アジア主義というものがある。

この三つのカテゴリーを、竹内はどうも持っていらっしゃったのではないのかと思うわけです。竹内の言葉で申しますと、一番の「政略的アジア主義」が「反革命的」ということになります。そして二番目の「心情的アジア主義」、三番目の「思想的アジア主義」が「革命的」です。彼は「革命のナショナリズム」と「反革命のナショナリズム」ということを二分法としてよく使いましたけれども、恐らくそれはアジア主義に当てはめるならば、反革命のアジア主義と革命のアジア主義というものがあるのではないか。こういうふうに竹内さんは考えていらっしゃったのではないでしょうか。

そしてこの一番の政略的なアジア主義というのは、竹内好の発想の中では明治政府の主流派の中にあるものであり、政権の中心であり、さらにパワーポリティクス、近代化路線の中で脱亜入欧していく路線の中に必然的にあらわれてくるものと見なされたわけです。さらにこの二番、三番のところには、明治政府の反主流派、藩閥政治に対する批判、近代化路線に対する疑い、懐疑の念などを持ってきた、そういう人物たちが抱いたアジア主義ではないかというのが、恐らく竹内の描いていたカテゴリーだと思います。

そして重要なのは、この一番の反革命的なアジア主義というものが、二番、三番のものを乗っ取ったというふうに、竹内さんが書いていらっしゃるところです。革命的アジア主義に対する乗っ取りというのが起きたということを言っています。

アジア主義というものがある種の心情的な連帯であり、新たなオルタナティブな近代というものを考える思想的な文脈を持ったものでありながら、なぜこれが帝国主義へと転化してしまったのかというのが、竹内さんにとって非常に大きな問題であったわけですが、これが「侵略と連帯はコインの裏表」だと彼が言った言葉に繋がるのだろうと思います。

このアジア主義の論文の中で、彼は「二つの出会い損ね」という議論をしています。何が出会い損ねたのかというと、彼はまず一つにはこの心情が思想に昇華しなかったという問題を議論しています。「なぜこのアジアとの連帯の心情というものは、思想へと昇華しなかったのか」。

言い換えれば、「なぜ滔天は天心と出会わなかったのかという問題である」と彼はこういうふうに言っています。これは、宮崎滔天*と岡倉天心ですね。宮崎滔天のような自分の全身全霊を中国革命に捧げる。こういうふうな気概を持った日本人の心情が、なぜ天心が考えたような、ある種の普遍的な思想に結びつかなかったか。天心の非常に重要なポイントというのは、先ほど松本先生もお話しになられましたけれども、非常に重要な、アジアから新たな思想を立ち上げていったことです。

彼の『東洋の理想』という本の中で出てくるのは、「不二一元論」というものですね。これは松本先生の「共生」という言葉とつながる言葉だと思いますが、西洋というのは主体というものが対象を客体化し、そして一方的に眼差すようなあり方をする。しかし、そういう主と客が二元的に存在するのではなく、不二一元なんだということを天心はインド思想の中から学ぶわけです。
そして、そういうような不二一元論というのが、いかに日本の美の世界というものにあらわれたのかということを説いたのが、『東洋の理想』という本です。彼はこの本をインドのカルカッタで執筆します。そのような天心がなぜ思想的に孤立することになったのか。なぜ天心の思想というものが熱き心情というものと結びつかなかったのかというのが、竹内は問題であるというふうに書いています。

さらに、もう一つの出会い損ねという問題を竹内は提起しました。それは、なぜ内田良平は幸徳秋水*と出会わなかったのかという言い方をしています。なぜ、この心情的なアジア主義というものが、次第に帝国主義へと歩み出すことに対する批判的な眼差しを内に持つことができなかったのか。この問題を、竹内好はこの論文の中で非常に重要なポイントとして提起をしているわけです。

そしてそれの極北、全く思想性というものを失ってしまったものが、大東亜戦争の中にある大東亜共栄圏の思想であるというふうに竹内は言っています。平野義太郎*に対する辛辣な批判というものがでてきます。「第二次大戦中の『大東亜共栄圏』思想は、ある意味でアジア主義の帰結点であったが、別の意味ではアジア主義からの逸脱、または偏向である」というふうに彼は言っています。そして大東亜共栄圏の論理を正当化する平野の議論は「玄洋社のアジア主義を矮小化して」いると竹内は述べています。

ナショナリズム、自由民権運動、アジア主義

では、この玄洋社が考えたアジア主義の論理とはどういうものだったのか、これをまずはアジア主義の原点として私たちは考えていかなければならないわけです。私のレジュメの中では「ナショナリズム、自由民権運動、アジア主義」というタイトルをつけましたが、まずここで議論しなければならないのはナショナリズムという問題であります。

現在、ナショナリズムと聞くと、これはどうも右の思想だとなってしまいます。反ナショナリズムが左の思想だ、こういうふうな腑分けが常識的に成り立っていますけれども、これは政治学からすると間違いです。どういうことかというと、政治学的にはナショナリズムというのはむしろ左派の側から出てきたものであるわけです。

例えば、これはフランス革命を考えれば非常によくわかることです。フランス革命は、絶対王政というものを倒しました。絶対王政を倒し、そして国民国家というものをつくりました。国民国家の論理というのは、「国家は国王のものではなく国民のものである」という主張です。ですから「国境で区切られた中に住んでいる人間は平等な主権者である」という主張が、ネーション・ステートというものの原理でありました。

この観点からすると、フランス革命というものは政治的にあらわれた非常に強いナショナリズム運動であった。そしてそこで問われたものは、平等と主権という問題であったと言うことができま

す。ですから、どちらかというと、このナショナリズムというものが政治的な意味を持って立ち現れてくるのは、この民主という問題です。民主という問題とナショナリズムはつながって出てくるわけです。

丸山真男*さんは非常に強いナショナリストでした。彼の枠組みは、健全なナショナリズムがなぜウルトラナショナリズムという極端なものに変質してしまったのかという視点でありまして、彼は一九六〇年代ぐらいから余り書かなくなりましたが、日本の主権の問題というものが定着するためには、ナショナリズムこそが重要なのだということを繰り返し問うた人物であります。

ですから、戦後すぐの論文で、「陸羯南――人と思想」という論文がありますが、丸山は非常に陸羯南*という人の思想を高く評価し、その中に見られるナショナリズムこそが、デモクラシーや日本の主体を考えるときに非常に重要であるという主張をしていたわけです。

ですから、左派＝反ナショナリズム、右派＝ナショナリズムという等式というのは、どうもこれは政治学的には言うことができないであろうということを、まず前提に置いた上で少しこの議論をしてみたい。そしてそれが、玄洋社がなぜ自由民権運動の中から出てきたかということのなぞ解きにもなるだろうと私は思っております。

玄洋社ですが、私がここで申し述べるまでもございません。非常に重要なのは、玄洋社ができたときの三原則という問題でありました。玄洋社の三原則は、一つ目は皇室を大切にしなさいということです。二つ目は、本国、つまり日本を大切にしなさいということですが、ポイントは三つ目です。

「人民の主権を固守すべし」

これが、頭山たちが述べた鉄則の一つでありました。これは数カ月後に「主権」という言葉が「天皇大権」という問題にかかわるということで、ここは「人民の権利を固守すべし」というふうに変更を余儀なくされるわけですけれど、玄洋社にとって非常に重要だったのは国民主権という問題でありました。

さて、玄洋社はなぜ国民主権を重視したのかという問題です。これを考える場合に非常に重要なのは、右翼思想の中心にあります「一君万民」という思想です。「一君万民」というのは、超越的な天皇というものを置いてしまえば、ほかのすべて万民は平等であるというような発想ですね。そしてこれが明治維新をつくるときに非常に大きな役割を果たしました。封建制を打破するときに、重要な観念として出てきたのが、この「一君万民」、吉田松陰*などが議論の中心にいたわけですけれども、この「一君万民」という問題です。

「一君万民」、この思想によって明治維新がなされたわけですが、しかし、明治政府がこの「一君万民」のような体制をつくれたかというと、頭山たちの目にはそうは見えなかったわけです。なぜならば、一部の藩の人間たちだけが政府の中心にいる。なぜ「一君万民」で、万人は平等という原則でやってきたにもかかわらず、藩閥政治なんていうものが残存しているのか。封建制を打破したにもかかわらず、なぜこういった一部の藩だけが優遇されるような政治が続いているのか。これが頭山たちにとっての不満であったわけです。

そして、この流れの当初、この批判の初期段階では、武装闘争に向かっていきました。これが神風連の乱とか、萩の乱とか、そして最後に西南戦争に至るのですが、こういった武装闘争によって明治政府を正そうとするようなあり方であります。しかし、これがついえたときに主流になってくるのが自由民権運動であったわけです。丸山真男は的確に指摘をしていますけれども、自由民権運動というのは日本の民衆レベルでの最初のナショナリズム運動であったというふうに、丸山真男は言っています。この自由民権運動は、まさにこういった国民主権というものを求めたナショナリズム運動でありました。

ですから、自由民権運動を闘った人たちの結社が「愛国公党」や「愛国社」と名乗ったわけですね。なぜ彼らは自由民権運動の中で「愛国」というものを重視したのかというのは、非常に重要な問題です。これが、頭山満たちが自由民権運動の中から、当初はもちろん彼らは武装闘争を考えていましたけれども、それがついえた後、自由民権運動に入っていく非常に重要な理由でありました。

頭山たちの非常に優れたところは、この眼差しを世界に向けたことでありました。日本国内では、彼らはやはり封建制に対する非常に強い反発であったのですが、世界に目を向けたときに、世界がどうなっているのか。これは西洋の列強が東洋を支配しているという、まさに封建制の構造であったわけです。

さらに東アジアの諸国に目を向けるならば、その国内においてもまだまだ封建制が残存している。これを何とかしなければならないというのが、頭山たちの意識の中に非常に強くあったものでした。彼のナショナリズムの論理というものは、まさにここでアジア主義につながっていくわけです。アジア諸国の改革派の人たちと連帯をし、まずはその国内の改革を進める。そしてその後に大きな西洋の列強を、アジアと連帯をして倒していくんだ。こういうような反封建的ナショナリズムというものが大きくアジア主義へとつながっていったのが、頭山たちの初発の、当初のアジア主義というものであったのだろうと思います。

ですから、先ほど松本先生がお話しになられたような天佑俠の問題、あるいは韓国の独立党との関係の問題というのは、まさに彼らの主体的な発想としては、反封建ナショナリズムというところにあったのであろうと思うわけです。しかし、これが悲劇的といいましょうか、大きな問題になるのが、やはり竹内好が指摘するように、その後の歴史のプロセスが、きれいな図式の中でそのままいかなかったからです。

「脱亜」化するアジア主義

私はアジア主義の「脱亜化」というものが起きるという議論をしていますが、どうしてもこの心情と思想というものが政略というものに飲み込まれていくプロセスが、この後に出てこざるを得なくなってきました。

例えば二〇一〇年はこの韓国併合から一〇〇年ということになりますね。一九一〇年の韓国併合の中で内田良平、武田範之などは、非常にさまざまな複雑な感情を持ちながら揺れ動くわけですけれども、一進会のメンバーなどとともに彼は対等合邦というのをもともと理想としていましたが、しかし、これが日本の帝国主義的な植民地支配へとつながっていくプロセスを、内田良平は苦悩とともに容認していくという方向になります。

こういうようなプロセスの中でどういう主体が揺れ動いたのか。さらに私が非常に重要だと思っているのは、孫文の「大アジア演説」というものです。一九二五年に神戸で行われた孫文の有名な演説ですが、この演説の直前に実は頭山満と孫文は会談をしています。頭山満はもともと二一カ条の要求には非常に反対でありました。当初はこれに反発をしていました。犬養毅*とともにこれをやめろという嘆願書を政府に投げかけたのが、一九一〇年代でした。

そしてそのことを、当時、日本に亡命していた孫文はよく知っていましたから、孫文は一九二五年に上海から北京に行く途中に神戸に寄り、そして犬養と頭山満と会談したいということで電報を打ちました。頭山満は渋々この神戸に出てきて、孫文と久しぶりの再会を果たしますが、まず孫文が要求を出す前に、彼は釘を刺すわけです。日本の大陸での権益を放棄したり二一カ条の要求を取り下げたりということは「国民が許さないであろう」というふうに言っています。

そして、この孫文の要求を取り下げさせ、そして孫文はその数日後に「大アジア演説」というのをするわけです。「大アジア演説」は有名な言葉にありますように、日本は東洋の干城となるのか、つまり城となるのか、あるいは西洋の番犬となるのか。犬となり下がるのか。それはあなたたちが決定することですよ。孫文はこういうふうな投げかけをしたわけです。日本は王道を歩もうとしているのか。あるいは覇道を歩もうとしているのか。あなたたちは王道だと言っていたものが、覇道に転化してきているということに気づいていないのではないかという問いかけが、孫文の最後の日本に対するメッセージであったわけです。

この翌年、孫文は「革命いまだ成らず」ということで、亡くなっていくのですけれども、このあたり、一九一〇年代から二〇年代にかけて非常に大きな、竹内が言う政略的なアジア主義、反革命のアジア主義による乗っ取りというものが、知らず知らずの間に日本の中にあらわれてきたのかもしれません。

「超・国家主義」と「超国家・主義」

その後、一九二〇年代あるいは三〇年代に入りますと、また新たなタイプのナショナリストたちがあらわれてきます。頭山の時代とはかなり違ったタイプのナショナリストです。それが北一輝や大川周明、一八八〇年代生まれぐらいの青年たちでありました。彼らはいわゆる革新右翼と言われるように、極めて革新的な発想を持っていた人たちです。

例えば、後に五・一五事件、二・二六事件に、それぞれ大川、北が裏でかかわっていくことになるように、やはり大きなクーデターというものを彼らは志向していく、いわゆる設計主義的な発想というものを持っていた人物であります。マルクス主義の影響がその底流にあるのだろうと思います。

ここで非常に重要なのは、「超国家主義」という用語の問題です。「超国家主義」、この用語をめぐって、丸山真男と橋川文三の間に論争といいましょうか、議論がありました。「超・国家主義」と「超国家・主義」の問題です。丸山真男は、この「超・国家主義」というのをウルトラナショナリズム、あるいはエクストリーム・ナショナリズム、国家主義の極端形態というふうに読み解いております。

橋川文三は「これは違うのではないか」という提起を行いました。橋川文三は、この後者のほう、「超・国家主義」というのは国家主義の極端形態ですが、「超国家・主義」なのではないのか。つまり国家を超えるというビジョンを、大正教養主義の中から出てきた若い新しい国家主義者たちは持っていたのではないのかという議論をし始めました。

これは非常に重要な提起で、私も文献的には橋川のほうが正しいと思いますが、つまり、彼らはある種の世界連邦的な発想、世界革命のような発想を持ちながら、この右翼運動に参画していった、非常におもしろい珍しいタイプの人々でした。例えば、これのきっかけになったのが、「猶存社」。大川と北が中心になって、満川亀太郎*とともにつくった結社ですけれども、北と大川の仲違いというのがありましたが、これが分裂した後、「行地社」という団体ができます。大川周明が指導した団体で、この結社の綱領の中には一九二五年に発表された七つの条文が掲載されていますが、重要なのは七つ目です。

大川はこういうものを看板に掲げました。「世界の道義的統一」という問題です。世界を一つにするんだという目標ですね。これは松本先生がいらっしゃいますけれども、北一輝の中にも非常に強くあった問題意識でありました。北一輝の『日本改造法案大綱』の中には「世界連邦」という文字が出てきます。

さらにこの当時、この「行地社」というところは、インドから来た世界連邦主義者のプラタープという人物と非常に強い結びつきを持ちました。そしてプラタープという人が、西洋が考えているような世界連邦ではなくて、「religion of love」というふうに彼は言ったのですが、愛の精神、愛の宗教というものによって世界を統一しなければならないという世界連邦論を、アジアの中から唱えた非常に先駆的な人物でありますけれども、これに大川周明、あるいは大川の周辺にいた中谷武世とか、そういう人たちが非常に強い反応を示しました。これが一九二〇年代に持っていた革新主義者、革新右翼の人たちの想像力であったわけです。

もちろんこれは石原莞爾*の中にもあったでしょう。彼にとっては世界最終戦争によって日蓮主義に基づいた世界の統一というものが背景にあったでしょう。そしてどうしても彼らの思想は、アジアの王道による世界の統一というものの一段階としての植民地支配を肯定していくという方向にならざるを得ませんでした。

思想的アジア主義、つまり、彼にとっては「近代の超克」という発想だったでしょう。あるいは世界の道義的統一という段階、目的のためには、その段階的な手段として政略的なアジア主義、アジア諸国の支配というものを容認していく。そして段階的には世界を一つにしていく、こういうような発想がとられていくのです。これがどうも「大東亜共栄圏」という思想の中になだれ込んでいった、一つの日本のアジア主義の流れ、問題でありました。

ですから、玄洋社の人たちというのは、日中戦争に対して非常に違和感をもっていました。葦津耕次郎が非常に有名です。葦津珍彦*のお父さんですが、葦津などは、やはり日中戦争に対して非常に批判的な人物ですし、頭山さんもやはり日中戦争に対しては、何で日中が争うのだということを述べています。あるいは満州事変に対しても頭山は非常にシニカルな態度をとっています。そういうようなことで、なぜアジア同士で戦うのかというのが、福岡の玄洋社の人たちが考えた発想だったのだろうと思います。

ナショナリズムとAAの論理

こういうような流れが戦後どういう展開をするのかという問題でありますが、非常に重要なのは、この革新右翼の人たちは戦後になっても思想を曲げていないということです。彼らの中から出てきたのは「世界連邦」という思想でした。これは非常に重要なポイントですけれども、世界連邦の建設同盟というのが一九四八年にできますが、これを率いていくのが下中弥三郎*という人物でした。平凡社をつくった人ですが、この下中もやはり大川周明の周辺にいた人物であり、一九三〇年代の大亜細亜協会の中心人物でありました。

彼は一貫した世界連邦論者です。そしてこの世界連邦の論理の中から、それをアジアの論理から立ち上げていかなければならないというのが彼らの主張であり、それを行ったのが「第一回世界連邦アジア会議」という、広島で行われた会議でありました。これに彼らがゲストとして呼んだ世界連邦論者がパール判事です。東京裁判でA級戦犯の「刑事的無罪」論を主張したパール判事でありました。パール判事も国際法が貫徹するためには世界連邦が実現しなければならないという思想の持ち主であったわけです。

さらに彼らがやったことは、原水爆禁止運動や、あるいは米ソの帝国主義に対する抵抗です。彼の中から出てきた主張は、再軍備反対とか、平和憲法を守れとか、朝鮮戦争に対する反対、こういうような主張がこの革新右翼の系譜の中から出てくる主張でありました。

同時代的に一九五〇年代にアジアで起きてきた問題は、この東西冷戦に対する批判的な眼差しからの非同盟外交という問題でした。特にインドのネルーという人が主導をし、周恩来*との間に「平和五原則」を結んだのが一九五四年のことです。ネルーいわく、中国の孤立化を防ぐための友好による封じ込め政策であるということを申しておりますが、この流れの中から生まれたのが「アジア・アフリカ会議（バンドン会議）」というものでした。日本の中ではこの「非同盟」論というものが非常に活発になり、岡倉天心の孫の岡倉古志郎という人物が、これに対する非常に多くの批評を書いたりしたのがこの時期です。

この時期に重要なのは、革新的な左派のほうがやはりナショナリズムを唱えていたことでありました。これは、詳しくはぜひ小熊英二さんの『民主と愛国』という本を読んでいただければと思いますが、やはり一九四〇年代、五〇年代の革新勢力は非常に強いナショナリストでありました。それはなぜかというと、彼らの想像力の中にあったのは、アジアの反帝国主義のナショナリズム――独立運動を主導していくようなナショナリズム運動との連帯という問題意識であったからです。

彼らは「アジア・アフリカの論理」というものを重要視します。このポイントは、反帝国主義という問題と多様性の中の統一という、新たなビジョンでした。これはスカルノなどが述べた、あるいはネルーなどが持っていた思想でありますけれども、これに左派勢力は呼応していくわけです。日本において五〇年代の非常に大きな問題は、米軍基地問題でした。内灘の闘争というものに清水幾太郎[*]などが関わりましたし、沖縄がまだ植民地支配されているので、米軍基地に対する反対運動、そして沖縄を返還せよという運動が強かった。

日本はまだアメリカの帝国主義下にいるという発想が非常に強くあった、まだ戦後一五年しかたっていない時期でした。つまり、アメリカ帝国主義に対する反発としてのナショナリズム、そしてこのナショナリズムでもってアジアのナショナリストたちと連帯していこう、こういう発想が一九五〇年代の左派思想の中には強くありました。

保守政治家たちとアジア

保守思想家たち、保守政治家たちというのも、このアジアをめぐっていろいろと揺れるわけです。吉田茂[*]から鳩山一郎[*]にかわったときが非常に需要なポイントです。吉田の親米路線に対して、鳩山はそれから距離をとろうとして、アジア・アフリカ会議に近づこうとしていきます。しかし、重光葵[*]外相の反対などに遭いまして、彼自身は行くことができず、アジアの失望というものを招くわけですが、その後に出てきた岸、これが非常に重要でした。彼はアジアとの賠償のためのアジア外交を行った重要な人物ですが、岸信介*にとってのアジアというのは、やはり戦略対象としてのアジアでありました。岸の『回顧録』を読みますと、次のようなことが書いてあります。

「アジアにおける日本の地位をつくり上げる、すなわちアジアの中心は日本であることを浮き彫りにさせることが、アイク（アイゼンハワーのこと──引用者）に会って日米関係を対等なものに改めようと交渉する私の立場を強化することになる、というのが私の判断であった」（『岸信介回顧録』三一二頁）

つまり、アジアと近づくことによって、アメリカからいいパイを引き出す。そのためにアジアに近づき、日米安保というものをより対等なものに近づけていくという戦略として、彼はアジアに近づいていく。こういう発想を岸は持ったわけです。

そして、こういう発想に激怒したのが竹内好という人でした。二〇一〇年は六〇年安保から五〇年ですね。そのときに竹内が言ったのは「民主か、独裁か」という非常に重要なテーゼでありました。

その前に、この六〇年安保のときに問われたのが、「日本はアジアの内なのか、外なのか」という問いでした。アジアの内であるならば、アメリカに対して抵抗しなければならない。アメリカの手先になってはならない。アメリカの侵略主義的な帝国主義にアジアのナショナリストと連帯をして闘わなければならない。しかし、日米安保の方向に進み出すことになるのは、アジアのナショナリストたち、仲間たちを裏切ることになる。帝国主義の側に加担することになる。どちらを選択するべきなのかというのが、当時の論考の中で頻繁に出てくる言葉です。これが六〇年安保に接した日本人の、アジアの内か外かという問いでありました。

そしてさらに竹内好は、この岸の独断的な議会での強行採決に対して、問題はさらに複雑であり、これは民主か独裁かという日本人の主体の問題であるということを問いました。これは非常に重要な初期の玄洋社の問いと同じだったのだろうと思います。なぜ一部の人間だけが政治を独占し、勝手に決めているのか。民衆の声を聞かず、そして一部の人間だけが封建社会のように問題を解決していく、これは独裁ではないか。それに対して竹内好は主体としての民主ということを唱えるわけです。

「方法としてのアジア」(一九六〇年)は、竹内好が六〇年安保の直前に国際基督教大学で行った講演でありますが、ここで彼が考えたことは、やはり政略的なアジア主義に巻き込まれてはならないという問題でした。この政略的なアジア主義は西洋近代の論理であり、これはもはや限界に達している。パワーポリティクスの論理を超えていかなければならない、というような議論をした後で、彼はこういうふうに言います。

最後のところですが、「西欧的な優れた文化的価値を、より大規模に実現するために、西洋をもう一度東洋によって包み直す、逆に西洋自身をこちらから変革する、この文化的な巻返し、あるいは価値の上の巻返しによって普遍性をつくり出す」、そのための「方法としてのアジア」こそが重要なのだ。

アジアという実体なんて、どこを見ても存在するとは思えないと竹内は断言しています。しかし、主体形成の方法としてはあり得るのではないのか。これは恐らく玄洋社の人たちが初期に考えた問題と全く同じ問題だったのではないかと思います。

自分たちの主体とは何なのか。独占的な政治をやっている者に対して、自分たちが抵抗をしながら主権を獲得していく。その方法としてのアジア、抵抗としてのアジアというのはいまだに有効であり、そこに理念と思想がなければ、西洋に対する巻返しはできないというのが竹内の考えたことでした。

竹内はこの後、「アジア主義の展望」を執筆しました。一九六〇年の安保のときに出てきた問題は、まさにナショナリズムとアジア主義という問題でありました。

丸山真男と竹内と、それから坂本徳松*（大川周明のもとにいた戦後のガンディーの議論などをしたインド研究者ですけれども）、彼らが『思想の科学』で一九六一年七月に行った鼎談「政治の頽廃に抗するもの」では、次のように述べています。

坂本徳松が「アジア・アフリカでのナショナリズムと同じような運動形態がようやく日本に出て

きた」というふうに、六〇年安保を評価しました。そして「一種の新しい意味の愛国心というものが形づくられないと運動のエネルギーも高まらないのではないかと思う。国や民族を愛さないで、世界をどうとかいうことはおそらくできないのじゃないですか」と坂本が問いかけた後に、竹内好と丸山真男はこれを深く肯定しています。竹内や丸山にとっては、この六〇年安保というのは、まさに戦後日本に初めての民主的ナショナリストとしての主体があらわれ、そしてそれがアジアとの連帯というものの視野が開けた瞬間であったわけです。

思想としての「アジア」

しかし、問題はその後です。この革新ナショナリズムとアジア主義というものは、六〇年代を通じて崩壊の道に進んでいくことになりました。なぜならば、その背景にあったのは、六〇年以降、アジア自体が連帯の思想を失っていくからです。中印国境紛争というのが中国とインドの間で一九五九年を発端にして起こりました（一九五九—六二年）。チベット問題などでもめ始めるわけです。非同盟というアライアンス、協力関係がここで崩れていきました。マレーシアでも、このあたりからマレー紛争につながる問題が起こってきます。さらに起こったのがベトナム戦争（一九六〇—七五年）でした。六〇年代の革新ナショナリズムというのは、どうしても日本のナショナリズムというものが抱え込んでいる、ある種のアジアへの抑圧の論理に、あるいは加害者性という問題に向き合うということが中心的な課題になってきます。べ平連が代表的でしょうし、これが非常に過激化したものが東アジア反日武装戦線のような問題であったのだろうと思います。

こういう中から六〇年代、あるいは七〇年代を通じて、左派の中からナショナリズムを唱えるということが、どんどんと失われていくことになっていきました。むしろナショナリズムの加害者性の問題というのが強調される、そういう時代がやってきたわけです。

そういう中で今日のアジアという問題に我々は直面していますが、やはり私は非常に重要なのは、こういったアジア主義の底流というものを、思想的にもう一度見つめ直すことなのではないかと思います。例えば今、議論されている東アジア共同体の問題は、どうしても政治経済中心です。日本の国益にとって、利益にとってアジアとどう結びつけばいいのかという戦略が重視されているわけです。もちろんそれは日本にとって重要でしょう。日本はこれからアメリカから遠ざかっていくしか道はありません。そしてアジアと近接するこの地勢学上の問題として、アジアとともに生きなければならない宿命にあるのだろうと思います。

しかしまた、この政治的な利害だけ、あるいは経済的な利害だけを考えてアジアに接近するというのは、やはりこの一五〇年間のアジア主義が抱えた問題を振り返る中では大きな問題があるのではないか。領土や経済問題で、またこれはすぐにアジアとの対立を、日本は場合によっては起こしてしまいかねないと思うわけです。

重要なのは、私は心情と思想という問題、竹内がこだわったこの二つの問題であろうと思います。心情と思想がどういうふうにつながっていくのか。心情は思想に昇華しなかったということ。我々の中にある、特に九州の人たちの中にある「アジアという疼き」の問題ですね。谷川雁などが唱えた東アジアに開けていくという世界観です。右や左という理念、思想、イデオロギーを超えたところにある、ある種のアジアという想像力、これは日本人にとって捨て去ることのできないものなのだろうと思います。

さて、これをどういうふうに思想に昇華するのか。先ほどの松本先生と私は全く同じ問いであるわけですが、理念のないアジアなんていうものは、アジアとしてまとまることができないであろう。私たちがこれから時間をかけて問うていくことは何なのかというと、やはり竹内がここで問うてきたような、アジアを問うた中にあった思想性の問題だろうと思います。それは何なのかという議論が、この後の討議でできればと思っております。

今日はどうもありがとうございました。

Ⅱ　アジア——共通の語りは可能か

アジア現代化の課題——地域内外の和解と歴史認識

劉　傑

東アジア共通の「アジアの語り方」

「東アジア共同体」を目指す前提は、この地域に共通の「アジアの語り方」を最大限共有させることであろう。しかし、韓国、台湾、シンガポール、香港などに続いて、中国とインドも世界におけるプレゼンスを著しく増大させた現在、「アジア」という概念は、政治的にも、経済的にも嘗てない広がりを見せている。朝鮮戦争以降、アメリカとアジアを結びつける太いパイプが日米、米韓安保体制だったとするならば、八〇年代以降、米中間の緊密な対話と協力体制の形成や、中国とEU、アフリカおよび中南米諸国との経済協力と政治、文化関係の強化は、アジアと世界との関係を、複数の「パイプ式」から全面的な「開放式」へと転換させた。経済、文化関係の強化に伴うアジアと欧米世界との人間の移動の拡大は、このような流れを加速させた。その結果、「アジア」の語り方は、アジアに内在するコンテクストに加えて、「世界的コンテクスト」もこの地域内に浸透するに至った。「世界の中の日中関係」とか、「世界の中の東アジア国際関係」といった表現が多く用いられるようになったのも、この時期からである。八〇年代は、「アジア」の意味が地域内の人々にとって大きく変化し始めた時代であった。

しかし、興味深いことは、まさに中国が世界に門戸を開き、アジア世界と非アジア世界との関係が緊密化した八〇年代、アジアでいわゆる歴史認識問題が燻り始めたのである。教科書の記載内容をめぐる見解の違いから始まった歴史認識問題は、首相の靖国神社参拝問題の形で先鋭化し、やがて日中両国の政治関係に深刻な影響を及ぼすことになり、今や島嶼の領有問題と相俟って国民感情の対立を引き起こした。九〇年代以降、日本人は、世界の経済、軍事大国になった中国と如何に歴史を振り返るかという課題に直面しなければならなくなった。多くの日本人は中国に「世界大国が持つべき歴史観」を期待し始めたが、屈辱の近代史を近代化の原動力として活用したい中国は「侵略への抵抗」という革命史観で近代史を語り続けた。中国近代史の領域では、「革命対反革命」という歴史観は依然強い影響力を持っている。さらに、欧米との協力関係が拡大するなかで、中国は欧米のアジア観と歴史観を部分的に受け入れつつ、アジアの近代史を再構築するようになった。

このように、ますます複雑になった中国の歴史観とアジア観を前にして、東アジア共同体を如何に目指すのか、あるいはその前に、アジアを如何に語るのか、ということは極めて複雑な課題である。結論を言うと、日本からアジアを語るときは、アジアの近代化、とりわけ中国の近代化の進展に伴うアジアの広がりという空間的な広がりを重視するだけでなく、歴史の文脈の中で語ることも極めて重要である。歴史の文脈で語ることは、多様な視角が必要であるということである。

今回のシンポジウムの趣旨は、アジア諸国が現代世界の巨大な転換を担う主体となった今日、日本として、日本とアジアとの関係はどのように認識すべきか。そして、アジアを語る文脈はどのように再構築するか、というものである。つまり、現在、日本からアジアを問うという行為の意味が問われている。しかし、単に日本からアジアを問うというのではなく、世界から、あるいは世界とともにアジアを問う、という視点も不可欠である。

言い換えれば、アジアを一国の文脈のなかで語るのか、それとも国境を越えて語るのか、ということである。例えば日本、中国、韓国という東アジアの三カ国は、自国の中ではなく、三か国を主語としてアジアを語るとき、どのような語り方になるのだろうか。このことを我々は真剣に考えていかなければならない。つまり、我々はアジア共通の文脈をどのように模索していくのか、それが我々に課せられた一番重要な課題である。

一九六七年のＡＳＥＡＮ結成以降、八〇年代とは九〇年代の世界の激変を経て、ＡＳＥＡＮがどんどん拡大する中で、この地域の中で共通の砦を求め、共通の文脈を求める動きが、既に四〇年の歴史を経験してきた。しかし、このような現象は、経済的なことが中心であり、この経済中心の語り方こそ、今までのアジアの語り方であった。しかし、九〇年代以降、ＡＳＥＡＮプラス三という新しい枠組みができ、この枠組みの出現によって、日本と中国と韓国による共同作業の領域がますます増えてきた。しかし、「歴史」が重みを減らした訳ではない。ある意味では、中国の華々しい台頭を支えたのは、「屈辱の近代史」という歴史観なのかもしれない。日本からアジアを語るときは、このような現実から目をそらす訳にはいかない。このような時代こそ、歴史の文脈のなかでもう一度アジアを語ることの意味を確認したい。ここではまず中国の歴史観が形成された理由を考えてみたい。

中国人の「国家」に対する認識

前述のように、アジアが台頭する現代に相応しいアジアの語り方は必ずしも形成されたわけではない。アジア人が共通の土俵の上でアジアを語るときの難しさをいま、我々が経験している。では、この難しさはどこから生まれてきたのだろうか。たくさんの理由が考えられるが、最大の理由は日中韓三か国がそれぞれの国の文脈の中で国家を語り、歴史を語ってきたということではないかと思われる。要するに我々は他者との対話と理解を経ずに、もっぱら自らの問題としてアジアを語り続けてきたのである。

それでは、どうしてこのような事態が続けられてきたのだろうか。理由の一つに、東アジアの三か国はあまりにも違う歴史をたどってきたため、国家に対する理解も違うものとなった、ということを挙げることができる。

まずは時期の問題である。一八六〇年代、つまり日本の幕末の時代に、既に中国の人たちが世界に対する明確な理解を持っていた。しかし、興味深いことに陳独秀*という名高い革命家が、それから四〇年が経ち、一九〇〇年代になって、世界の中にはいろんな国があって、その国々がそれぞれのルールで動いているということを初めて知った、と告白している。要するに、陳独秀の世界の国々に対する本当の理解は、義和団事件がきっかけだったのである。

陳独秀は義和団事件で初めて世界の人々が、国を単位として行動していることを知った。そして国と国との間に国境というものがあって、その国境の中で違うルールが作られ、人々がそのルールに縛られて行動している。中国もそのたくさんある国の中の一つにすぎないと彼は言う。一国の盛衰、一国の運命は一人一人の人間の在り方と非常に緊密にかかわっているということも初めて知った、というのである。

このようなことを彼が義和団事件後の一九一〇年代に自覚するようになる。『万国公法』が中国語に翻訳され、理論上、一八六〇―七〇年代にかけて知識人たちの間で、国の存在が意識されるようになったはずである。しかし、陳独秀のようなインテリゲンチャーですら、国の存在と国の意味を本気で自覚するようになったのは、それからさらに四〇年ないし五〇年もの時間が必要としたのである。

明治維新を経て日本は非常に短期間で近代化へのシフトを実現した。西欧をスタンダードとする近代化路線にいち早く路線変更ができたことで、中国の近代史と大きな違いを作りだした。日本が五年、一〇年でやり遂げたことを、中国は五〇~六〇年ぐらいかけてやっとできたことになる。このように、国家と世界に対する理解の速さが日本と中国のあり方の違いを作りだした原因となった。

逆のコースをたどった日本と中国

二番目に考えたいことは、中国は日本と全く逆のコースをたどるなかで世界と国家を認識した、ということである。日本は列強に伍することを目指して大国化していく過程の中で、近代国家の意味を確認していった。一方、中国は義和団事件の屈辱のなかで、国家を意識し、近代国家をつくろうという努力が始まった。しかし同時に、弱体化、植民地化という現実にも直面しなければならなかった。つまり、中国人にとって、衰退の過程と国家を自覚する過程が重なったため、日本人の持つ国家観とは明らかに違うものになった。このことは朝鮮半島についても言える。朝鮮半島では、植民地化される過程と近代国家を意識する過程と重なった。この点は、アジアの国家と国家の違いを考える上で、極めて重要なポイントである。

やがて福沢諭吉が「脱亜入欧」を主張したときには、中国もアジアを意識するようになるが、中国がアジアを意識する過程は、まさに優越感から劣等感に転落する過程であった。このように、世界と国家およびアジアを認識するプロセスの中で、日本と中国・韓国とは非常に大きな差が存在したのである。

歴史観の違い──日本にとっての一九四五年と中国にとっての一九一一年

東アジア三か国の国家観の形成過程の違いは、当然ながら歴史観の違いをもたらした。

日本は幕末の近代的な改革から始まって、近代国家への道を歩みだし、やがて世界の主要国になったが、最終的には一九四五年の敗戦をもって、明治以来の歩みを見直すことになる。このような意味において、一九四五年は大多数の日本人にとって明治以来の節目の年と言える。しかし、実際には、一九四五年という年は、日本にとってどれだけの意味があるのだろうか。この年は近代日本の一つの到達点、転換点であることは間違いない。しかし、一九四五年を境目に、日本のどこが変わり、どこが変わらなかったのか。私は一九四五年以降、日本は九〇度ぐらいの転換を行ったと見ている。九〇度というのは、軍事大国の目標を捨てる一方で、明治以降目指してきた、民主主義を基調とする近代国家の方向を引き続き目指していったという意味である。ある意味では、一九四五年は転換点であると同時に、通過点でもあった。しかし、ほとんどの日本人にとって、現代日本の出発点は一九四五年であり、彼らは一九四五年以降の時代と対話しながら、自らの歴史観を形作ってきた。

一方、一八四〇年の阿片戦争から始まった中国の近代は、一九一一年の辛亥革命、一九四五年の抗日戦争の勝利、さらに一九四九年の中華人民共和国の建国、一九七九年からの改革・開放と、幾つもの重要な節目があった。そのなかで、「一九四五年の終戦」は日本と重なるが、そのほかは何れも中国史上の節目にすぎない。その一九四五年も、侵略国対被侵略国、敗戦国と戦勝国という意味でベクトルは全く逆である。何よりも中国人は多くの日本人と違い、一九四五年以降の時代と対話しながら、自らの歴史観を形成している。中国人の歴史観は一九一一年を起点にしてできていると言っても過言ではない。阿片戦争以降の近代的な国家づくりは、一九一一年の辛亥革命で一つの目標を達成できたが、同時に中国人は今日につながる歴史的な課題も背負うことになった。それはすなわち「統一」と「建設」という歴史的課題である。中国人はこの歴史的な課題と対話しながら、つまり、一九一一年以来の歴史と対話しながら歴史観を構築しているのである。

一九四九年の中華人民共和国の建国によって、「統一」と「建設」に必要な環境を一応整備することが出来たが、しかし、四九年から七九年までの中国は、混乱した三〇年間を経験する。

この混乱した三〇年は空白の三〇年とも言える。この三〇年間は中国の近代史のなかで、あるいは中華人民共和国の歴史のなかでも大変重要な三〇年であり、大変複雑な三〇年であったが、敢えて「空白の三〇年」と表現したのは、主に二つの理由がある。

一つの理由は、歴史家がこの三〇年間を研究の対象にするには、十分な資料が利用できない。つまり、この三〇年間はまだ歴史学の対象となっていないのである。研究の対象となるためには、十分な情報、資料が必要であるが、果たして研究者はそれを手にすることができるだろうか。当分の間、空白の状態が続くかも知れない。

もう一つの理由は、四九年から始まった中国の変革は、混乱の三〇年間を経て、一九七九年に始まった改革・開放以降、はじめて軌道に乗ったということである。そして、この変革は一九一一年以降の課題を実現するためのものであった。

以上の事実をふまえて、中国人が現在の中国、現在のアジア、現在の世界を理解するとき、いつの歴史と対話しているのか、ということを考えてみたい。一番多く対話しているのは、一九一一年、あの辛亥革命の時代、あるいはさらにさかのぼって一八四〇年の時代である。一方、日本人は先に述べたように、一九四五年と対話している。

現在のアジアを考えるときも同じように、いつの時代と、どのように対話するのかということは、アジアを語る共通のコンテクストができるかどうかと密接に関係している。

「アジア」は必要か

ところで、日本には現在もう一つの視点が存在する。それはすなわち、そもそもアジアを語る必要がないのではないか。あるいは共通のコンテクストでアジアを語る必要はないのではないか、というものである。この視点は、突き詰めれば、そもそも日本にとってアジアは必要なのだろうかということにつながる。渡辺は、「東アジア共同体に日本が加わって、(大陸勢力)中国と提携し、日米の距離を遠くすることは日本の近現代史の失敗を繰り返すことにならないか」と警告している。そして、「さしたる戦略もなく、言葉は美しいが内実の不鮮明な東アジア共同体という、ぬえのような怪物に日本が飲み込まれることは避けねばならない」とも述べている。梅棹忠夫*の『文明の生態史観』から始まり、最近では渡辺利夫の『新脱亜論』などがある。

しかし、アジアを必要とするのか否かを考えるとき、意識しなければならないのは、近年、中国や韓国が一国の文脈の中だけではなくて、一歩外に出てアジアを考えようという姿勢を見せ始めているという事実である。この流れを日本がどのように受け止めたらよいのか。つまり、日本は、中国や韓国とともに共通の文脈の中でアジアを語るために、何をなすべきか。

今まで自国のコンテクストの中に閉じ込められてきたアジアの語り方を、アジア共通のものとして、開かれたものにするためには、何を試みたらよいのだろうか。

一方、興味深い事実は、中国には本当は「アジア」が存在するのか、あるいは、中国は本当にアジアとの対話を望んでいるのかという疑問は韓国の研究者から鋭く指摘されている。例えば白永瑞は「中国にはそもそもアジアというものはなかったのではないか。中国はあくまでも中国の文明、あるいは国家づくりを中心に考えてきたのであって、アジアを中国の国家構想の中に取り入れた形で、いわゆる水平的思考をもってアジアと対話することをしてこなかったのではないか」と、指摘している。

実際の中国の外交姿勢は、「独立自主の外交」というものを主張しながら、「大国外交」、「近隣外交」、「途上国外交」など、幾つかの枠組みを打ち出している。教育の現場では、多くの大学がアジア研究科や、アジア太平洋研究科を設け、アジアとの積極的な対話の環境整備を進めている。つまり、アジアを語ること、アジアを研究することは中国にとって重要な課題となり始めているのである。

しかし、このことは中国が「侵略対対抗」「革命対反革命」という従来の歴史観を変更したことを意味するものではない。国際関係と世界経済の視点から、中国は世界との協調を模索しているが、統一国家と近代化路線を支える有効な手段は相変わらず、「半封建半植民地の近代史」からの解放という歴史観である。日本はこのような変わらない中国の現実にも直視しながら、アジアの語り方を探らなければならない。

持続可能な和解を追求する道筋――民族内の和解を

さて、開かれたアジアを語る前提は、自分の国以外の人々が、どのような内的な課題を抱えているのかということを考える想像力を働かせることである。このような想像力を持ち合わせていれば、我々はアジアの人々が共通の内的課題、民族内や国家内の課題を抱えていることに気づくはずである。他国の歴史観を理解することは、時には忍耐力が必要であり、時には苦痛を伴うものでもある。しかし、共通のアジアの語り方を追求するには、性急にも相手に歴史認識の変更を求めるよりも、相手が抱えている近代化の課題に理解を示すことが肝心である。この理解のプロセスは意外と難しい。

それでは、中国の歴史認識を決定づける未解決の課題は何かを考えてみたい。それを一言で言えば、国家、民族、アイデンティティ、歴史などをめぐる認識は、国の中でも必ずしも合意が形成されていないということである。もちろん、このことは中国限りのことではない。南北朝鮮の対立、台湾海峡を挟んだ中国人同士の相互不信、沖縄と本土日本との距離感などは、国家間の齟齬よりも直接的であり、日常の生活に影響を及ぼしている。

中華人民共和国成立六〇周年記念日の一〇月一日、中国共産党の機関紙人民日報に、台湾の国防部長（在任一九九〇―九三年）、監察院院長（在任一九九三―九五年）等を歴任した陳履安の論文が掲載された。陳履安は陳誠の子。陳誠は生涯蔣介石*に従い、蔣に篤く信頼された軍人、政治家であった。

国民政府が台湾へ移ってからも、ナンバー二となった陳誠は中華民国行政院長（首相）、副総統として、中国大陸の奪還を夢見る蒋介石総統を支え続けた。その陳誠の息子、陳履安が中華人民共和国の建国記念日を前に執筆した論文のタイトルは「平和こそは両岸の同胞の共通の願い」であった。

論文は「中国共産党の政権樹立から六〇周年の記念日を迎えるにあたって、父兄が内戦を戦って失敗し、自らも流浪の人生を歩んできた私たちは感無量である。一甲子が経った今日、われわれはかつての内戦による一切の遺憾と怨恨に別れを告げ、平和を告げる鐘のなかで、中華民族の明るい未来を迎えようとしている」というような文章で始まり、一九四五年以来対立してきた国民党と共産党の和解を確認した。

国民党は蒋介石総統と蒋経国総統の時代はもちろんのこと、李登輝*総統時代の前半も中国大陸との統一を目標に掲げていた。「国家統一委員会」（一九九〇年）と、対中国大陸交流の窓口機関である「海峡交流基金会」（「海基会」）が設立されたことや、最終的に中国大陸との一体化を目指す「国家統一綱領」（一九九一年）が策定されたことは、国民党従来の目標が継承されたことを意味するものであった。大陸側も「海峡両岸関係協会」（「海協会」）を設置して台湾側に対応したため、一九九三年四月「海基会」と「海協会」のトップ会談まで実現されている。

ところが、李登輝は総統在任の後半になると、「台湾と中国は特殊な国と国の関係」と発言し、いわゆる「二国論」を打ち出した。李登輝に続く陳水扁時代には、「国家統一綱領」の適用終了と

「国家統一委員会」の活動停止を宣言するにいたった。陳水扁は更に「台湾正名運動」の名のもとで「去中国化」を進め、「中正国際空港」、「中華郵政」、「中国石油」など、中国や蒋介石を連想させる名称を相次いで改名させた。

中国は江沢民時代において、一日も早い統一の実現を台湾政策の中心に据えていた。しかし、二一世紀に入ってから、経済成長を背景に、国際社会における中国の発言力がますます強くなった。経済的に中国への依存を強めてきたアメリカは、「九・一一」テロ事件以降、反テロ、核拡散防止などの安全保障の分野においても中国との協調路線を取り始めた。米中の二大国が国際社会の在り方に影響を及ぼす時代が幕を開けたのである。

一方中国のなかでも大きな変化が起こっていた。もっとも注目すべきことは「官民関係」あるいは「政府と社会の関係」の変化である。「民意」が政府の内外政策に影響を及ぼす時代になった現在、台湾の民意を把握することが、台湾問題を解決するポイントだと理解されるようになった。メディア等を通して中国に伝わったのは、「統一」でもなければ「独立」でもない、「現状維持」を望む台湾の民意であった。結局台湾問題の最終的解決は、この台湾住民の意思を無視するわけにはいかない。胡錦濤時代になってから、二〇〇五年三月に開催された第一〇期全国人民代表大会第三回大会で、台湾独立に対して「非平和的手段」を取ることを定めた反国家分裂法を採択し、立法の形で反独立の体制を固めた一方で、統一にタイムテーブルを設けず、当面の目標を「統一の実現」ではなく、台湾海峡の安定と平和、つまり「現状維持」に設定しなおしたのである。

二〇〇五年四月、胡錦濤共産党総書記が連戦国民党主席を北京に迎え、六〇年ぶりの国共トップ会談を実現させた。両党は平和協定締結の促進に合意し、中国側は台湾へのパンダ贈呈も約束した。北京大学をはじめ、各地を訪れた連戦は大陸の人々に歓迎され、大陸の人民も国共両党の和解を歓迎していることを印象付けた。翌二〇〇六年四月、両党は両岸経済貿易文化フォーラムを発足させ、経済政策を定期的に協議する方針が決まった。

この流れが定着できたのは、馬英九が二〇〇八年の総統選挙で勝利し、国民党が再び政権を奪回したからである。就任演説の中で馬英九総統は「私は衷心より海峡両岸が現在の有難い歴史的機運をつかみ、共に平和共栄の新しい歴史の一ページを開くことを切望する」と述べるとともに、「現実を直視し、未来を切り開き、争議を棚に上げ、ウィンウィンを追求する」という両岸関係の基本方針を確認した。その上で、「両岸人民はともに中華民族に属しており、各自の能力を尽くして、肩を並べてともに前進して、共同に国際社会に貢献せねばならない。われわれは無意味な競争を避け、大事な資源が消耗されないようにしなければならない。世界は広い。中華民族は知恵の高い民族である。私は台湾と大陸は平和共存の道を見出せると確信して止まない」と明るい展望を示した。

台湾の大陸政策における一連の激変の背後には、六〇年間にわたる敵対を乗り越えて、国民党と共産党が歴史的な和解を実現したことがある。この和解を支えているのは、中国大陸の現在に対する台湾人の認識の変化である。陳履安の論文に次のような一節がある。

この六〇年の間、国民党が変化したが、共産党も変化した。「ソビエト共産主義」から「中国的特色のある社会主義」へ、「階級闘争」から「調和社会」へ、「プロレタリア独裁」から「人を以って本となす」へ、「天と地と人と戦う」哲学から、「平和的発展と環境保護」へ、「ズボンを穿かなくても原爆を製造する」から、「いかなる状況のもとでも核兵器の先制使用をしない」へ、共産党は確実に変化した。このような変化は静かな変化かもしれないが、その本質は、天地をひっくり返すほどのものである。この変化を実現するのに、自らを変革する勇気が必要であった。台湾の政府と民間はこの共産党の変化を称賛し、肯定すべきである。

両岸の交流が飛躍的に発展するなか、国民党からみた共産党、台湾からみた大陸は大きく変貌した。その結果、台湾海峡双方の人々の心理的距離が縮まった。中国の大学で台湾出身者と本土出身者が自由に討論する姿を目の当たりにした韓国の高官は、「中台は朝鮮半島より早く統一する」と断言した。

しかし、人民日報に掲載された陳履安論文は、共産党に対する著者の以下の注文が削除された。台湾の中国時報にも載った陳の論文には、「大陸側は今後、（共産党が勝利した）内戦の歴史を称賛する必要はない。世界には名誉な内戦はなく、あらゆる内戦がもたらす悲惨な犠牲は、子孫に忘れ難い苦痛を残すだけ」という一節があり、真の和解を実現するために、大陸側が取り組まなければならない課題を指摘した。

馬英九の国民党政権成立以来、民進党政権時代に途絶えていた「海基会」と「海協会」の対話が復活したほか、中国大陸住民の台湾観光が開放され、懸案だった大陸と台湾との間の本格的な「三通」（通商、通航、通郵）や、中国資本による台湾投資が解禁された。二〇一〇年六月、中台の自由貿易協定に当たる「経済協力枠組み協定（ＥＣＦＡ）」も調印された。国共両党の和解は本物かどうか、台湾の今後の変化に注目しなければならないが、民族内の和解は、国家間の和解につながることはいうまでもない。

アジア全体の和解を実現し、共通のアジアの語り方を形成するためには、国家と民族内部の和解をまず実現することが求められている。このような和解の課題を抱えている中国に対し、歴史認識の急速な変更を求めることはあまり現実的な対策ではない。今だからこそ、相手の歴史認識への理解と寛容が求められているのである。

多様性への目配り

東アジア三か国が共有するアジアの語り方を織り出すには、少なくとも三つの前提が必要なのではないかと思われる。

一つは、平和と共存・共栄の関係を作り出すことである。二番目は、地域内の協力に基づく社会、経済の持続可能な発展を保障する環境を創出することである。そして、三番目としては、共通の価値観の拡大に伴う経済・政治・文化の統合である。

その中で一番重要なのは「平和と共存・共栄の関係」であるが、その前提は何と言っても歴史の障碍を乗り越える、である。アジアにおける歴史の障碍は、複数の国家間の協定や共同声明などによって、すでに乗り越えられたと解釈することもできる。しかし、東アジアの地域においては、本当の和解が実現されたかというと、必ずしもそうではない。政策によってもたらされた一時的な和解を持続させることは難しい。国家間の和解を実現する道筋として、まずアジアの人々は、国家内で国家、民族、アイデンティティ、歴史などをめぐる認識の共通点を探りだすことが大事である。このような作業を通じて、国家間の対立を相対化する効果も期待される。つまり、東アジアの国家間和解を実現するための第一歩として、民族内の和解は不可欠である。

近年、国民党と共産党の間では形式的には一応の和解が実現できた。しかし、国民党と共産党は全く逆の価値観で歴史を語っていることは今も変わらない。台湾海峡における和解を経済のレベルだけではなく、政治と安全保障、さらに住民感情のレベルまで拡大するために、歴史解釈や歴史観の問題に立ち入らなければならない。

この点は、日韓間も同じである。両国の本当の和解は、朝鮮半島内部の和解を待つ必要があるかも知れない。

繰り返しになるが、平和の創出、あるいは平和共存の関係を創出するということは、東アジアの近代化を考えるポイントであるならば、我々はまず、国家や民族の内部の和解を考えなければならない。そして、民族内部の和解は、各国が抱えている問題であり、東アジア共通の課題である。先鋭化するナショナリズムの対立を回避する手段として、この東アジア共通の課題に取り組まなければならない。

貧困化をもたらす「一様化」

ただし、共通の課題を求めることは、アジアの多様性を否定するものではない。中国は最近盛んに「和諧社会」、つまり調和のとれた社会、調和のとれた世界を主張しているが、和辻哲郎は早くも同じことを主張していた。彼は、「人類を一つの全体に組織しようとする努力は、地上の民族のさまざまな特殊的形成を尊重しつつ、それらをさらに一層高次の段階において諧和にもたらすものでなくてはならぬ。特殊的内容を捨て去った一様化は人間存在の貧困化であって豊富化ではない」（『和辻哲郎全集』第一〇巻、五九三頁）と述べている。

未来の東アジアの共同体のことも、このような理念を忘れてはいけない。多様性を尊重しながらも、アジア共通の視点を模索していくこと。これこそ私たちが直面している大きな課題である。

なぜ今「東アジア史」なのか

李成市

誰のための「東アジア」なのか

シンポジウムの主題である「アジアを今どのように語るのか」という問題について、松本健一氏と中島岳志氏が日本人の立場から話された。ここで、あえて「日本人の立場から」と述べたのは、両氏の議論を国籍をもって、ことさらに差異化しようというわけではない。「アジア」について、今や日本人だけが語っているわけではなく、同じように韓国人も中国人も「アジア」や「東アジア」を語るようになっており、アジアの人々が各々語っている「アジア」は、果たして同じものなのだろうかということを考えてみたいのである。

すでに松本氏が指摘したように、いつ、だれが、だれに向かって語るのかによって、その意味内容は自ずと異なるはずである。たとえば、日本人の間ですら、福沢諭吉が文明開化のころに語った「アジア」と、戦後に竹内好が語った「アジア」とは、各々その時代背景が異なるように、そこで語られる「アジア」は違うであろう。

さらには、二〇一〇年に迎える「韓国併合一〇〇年」、あるいは二〇一一年の「辛亥革命一〇〇年」は、アジアにとって意義深い年になるにちがいない。韓国や中国は、これを起点に百年のタイムスパーンで振り返りながら、あらためて現在を位置づけ、いかなる未来像を思い描くのか、「アジア」や「東アジア」という地域と関わらせて自問するにちがいない。そのような年を迎えるに当たって、これまで語られてきたアジアの違いを克服して、アジアの人々と共に「アジア」を語ることは可能なのか。そのようなことを考えてみたい。

このたびのシンポジウムでは、アジア全体を論じるのではなく、主に「東アジア」を対象にして議論が展開されたが、それでは、この会場で語られた「東アジア」についての内容は、はたしてソウルや北京、あるいは台北やハノイで語ることは可能だろうか。私は恐らく通じないのではないかと思う。そもそも、その文脈やコードを共有していないからである。では、それらの地域で話が通じるようにするためにはどうしたらよいのだろうか。こうしたことを、今後はアジアを語るために真剣に考えていかなければならない時代が来ていると感じている。

例えば、中島氏は、講演の中で「アジア主義の構造」を、①「政略的なアジア主義」、②「心情的アジア主義」、③「思想的アジア主義」と分けて論じている。もし韓国の知識人がこのような日本人のアジア主義を聞けば、おそらく、②と③はあまり関係がないと考えるはずである。やや乱暴な言い方をすれば、韓国人にとってどうでもよい日本人の思想課題であって、日本人の心情にすぎないと感じるのではないかと私の経験から推測する。韓国人が記憶している日本人のアジア主義は、政略的アジア主義であって、そのようなアジア主義を語る日本人によって現実に何が行われ、それによって自分たちはどのような体験をしたのか。そのように自分たちの記憶に引きつけて語られ続けてきたのではないかと思う。

個人的な経験ではあるが、私が一二年前に「東アジア文化圏の形成」という原稿を書きあぐねていたころ、ちょうど韓国に一年間滞在していた。その間に、講演の依頼があれば韓国の学生や歴史研究者に向かって自分が抱えている課題に即して、日本の歴史学界で論じられている「東アジア」という地域と文化について話すことにしていた。私にとっては、七〇年代以来、当然のように学んできた「東アジア」を話してみると、「そのような『東アジア』という話を我々にするならば、まず大東亜共栄圏、あるいは日本人が政略的に語った『アジア主義』とどこがどのように違うのかを説明してから、あなたの言う東アジア文化圏なるものを話して欲しい」と異口同音に指摘された。これは特別な体験ではなく、いまだもって切り出されることがあり、当時は、韓国のどこへ行ってもおなじような経験をした。

しかしながら、この一〇年間で韓国は大きく変化した。何よりも、自ら積極的に「東アジア」を自分たちの政治主張とでも言うべき現実的な課題として語り始めたからである。例えば、つい最近『東アジア史』という教科書のパイロット版を入手したが、韓国では二〇一二年から「東アジア史」という授業が高校で選択科目になる。その前提作業として、こうした教材を作成している。「韓国史」、「世界史」とともに「東アジア史」を学校教育で教えようというのである。一二年前は「東アジア」という言葉を出しただけで、上述のような反応があったにも拘わらず、その韓国で現在は「東アジア」という言葉を、自分たちがこの地域にどういう役割を果たすのかという文脈で積極的に語り始めているである。これが最近の韓国の状況である。

したがって「東アジア」といっても、東アジア諸国には様々な「東アジア」、思い思いの「東アジア」がいわば併存しているのである。そのような状況を見定めて、確認すべきは、お互いにどのような文脈で「東アジア」や「アジア」を語っているのかということであろう。このように語り合わない限り、同じ言葉を使いながらも、それぞれが違った考えを思い描くような同床異夢になりかねない。こうした状況のまま相互の了解なしに「東アジア」を独我論的に語ることは、また別な不幸な結果を招くにちがいない。

そこで、以下において次のような順序で述べることにしたい。まず、戦後日本の歴史学界では東アジアという地域を、いつ、どのような概念として語ってきたのかについてである。次いで、韓国では一九九二年ごろから突然、「東アジア」という言葉を用いて韓国をとりまく地域についての議論が始まったのであるが、その歴史的背景は何であり、それ以前とどのような変化があったのか。そこでの東アジアはどのような概念として論じられているのか、その社会的な文脈や、そこで用いられた東アジアの意味内容は何であったのか。日本の例と対比しながら、現在、韓国の学界では東アジアという地域をどのように語っているのかを説明しつつ、その違いを踏まえて、そうした違いを乗り越えて共通の議論の対象とするにはどうしたらいいのか考えてみたい。

そもそも違いを超えて、いかに「東アジア」を語ることができるのだろうか。共通の「東アジア」という地域を語ることができるだろうか。もし語ることができるとすれば、どういう語りがあり得るのか、そういうことを最後に論じてみたい。

日本の歴史学界における東アジア

まず、日本の歴史学界における東アジアという地域の設定について述べよう。この日本で私たちが用いている「東アジア」はどのように規定されるのだろうか。つい最近まで、ほとんどの研究者にとって「東アジア」という地域設定の目的や経緯について自覚的には追究されず、特には問題になりえなかった。ただ一般には一九六〇年代に至り、日本古代史と近代史において、日本史に対する一国史的な見方を克服するために中国や朝鮮といった隣接の諸地域との関係の中で、古代の国家形成史や近代の国家形成などを検討するという視点がうちだされ、共通の研究課題として広く共有されてきたという認識を漠然ともっていた。

しかしながら、「東アジア」という地域設定には明確な目的意識と厳密な規定がめざされていたのである。自己完結的な一国史を克服するという課題にとどまらず、世界史の中に日本史を位置づけるにはどうしたらよいのかという問題意識から、地域設定に対する論理的な規定がめざされていた。

そのような目的をもって「東アジア」を論理的に規定した西嶋定生氏*（一九一九—一九九八）によると、まず、「東アジア」という地域は、文化圏と政治圏が一体になった地域であるといわれている。その文化圏とは、中国に起源する漢字を媒介に、儒教、漢訳仏教、律令という中国に起源をもつ文化を共有する地域であり、それは漢字文化圏とも、ときには東アジア文化圏ともいわれている。

儒教についてては説明するまでもないが、仏教は、インドで生まれた仏教ではなくて、漢字を用いて古代中国人の思惟を媒介にして翻訳された漢訳仏教の経典にもとづく仏教を意味する。また律令とは、秦漢時代以来、中国で体系化された行政法と刑罰法からなる法体系のことである。こうした文化を共有した文化圏を前提にしている。この文化圏は、水が高いところから水が低いところへ流れるように、高度な文化が周辺に流れて文化圏が形成されたのではなく、文化を伝播させた政治的な構造があって始めて文化圏が形成されたと見るところに、「東アジア」概念の規定の特徴がある。

その政治的な構造とは、秦の始皇帝のときに皇帝号が成立して漢代に至り、それまで秦代に成立した郡県支配という一元的な支配から、一部に周代の封建制を復活させ、郡県制と郡国制を併存させることになった。これにより、中国の皇帝は郡国のように、自国以外の諸民族、諸国家の集団の首長たちにも官職や爵位を与えることを通して、中国皇帝と彼らとの間に君臣関係を結ぶようになる。こうした行為を冊封と言い、そのような冊封関係に基づき皇帝と周辺諸地域の首長との間に政治関係が形成されることによって、中国の文化が伝播したというのである。こうした政治システムは冊封体制と命名され、冊封体制という政治秩序が文化圏形成の原動力になるのであって、この政治体制（政治圏）は辛亥革命で中国の皇帝制度が喪失するまで維持されたとみなされる。このような政治圏と文化圏が一体となった地域がまさに東アジア世界である。こうして構想され理論化された「東アジア」という地域設定が一九六〇年から七〇年代の間に理論的に体系化されたのである。

したがって、西嶋氏の東アジア世界論に従えば、そこで設定された地域に該当するのは、現在の地域で言えば、中国、台湾、韓国、北朝鮮、日本、ベトナムなどの諸国となる。東アジアという文化圏と政治圏が一体となった東アジア世界に、ベトナムが組み込まれていることが重要であって、東アジア世界論にもとづく「東アジア」には、ベトナムが必ず入るのである。

東アジア世界論が規定する東アジアは、この地域を二千年というタイム・スパーンでとらえようとする極めて意欲的な試みである。ではなぜ、この時期に、こうした地域設定がなされたかというと、興味深いことに、一九五五年のアジア・アフリカ会議など、その当時の新たな世界的な状況に日本人はどのように向き合ったらよいのかということと深く関わって生まれた地域概念だったことが判明する。

なぜ「東アジア」なのか

西嶋氏の東アジア世界論に基づく「東アジア」とは、戦後のアジア・アフリカ諸国の新たな動きに対して、日本人としてどのように向き合ったらよいのかという課題のもとに考え出された地域設定でもあった。

当時、上述のような戦後の日本とアジア・アフリカ問題について積極的に取り組んだ研究者の一人に、一橋大学教授でありドイツ中世史の研究者であった上原専禄氏*（一八九九―一九七五）がいた。上原氏は、戦後の日本において「世界史像の自主的な形成」を国民的な課題として掲げていた。上原氏の「世界史像の自主的な形成」とは、私なりに解釈すると次のようになる。これまでの日本人の世界史というのは、ヨーロッパ人の構想した世界史であって、日本の世界史の教科書は、基本的にヨーロッパ人の思い描く世界史ではなかったか。例えば、世界史の教科書は古代を論じる際に、なぜギリシャ・ローマから語り始めるのだろうか。古代史においてギリシャ・ローマから説き起こすのはヨーロッパ人の自己認識にとって重要な課題であるが、日本人にとってギリシャ・ローマから古代を語る必然性があるわけではない。これまで世界史と呼ばれていた歴史の体系は、ヨーロッパ人の世界史であって、この東アジアに生きる日本人のための世界史こそ追究されなければならない、という発想である。

また現在の「世界史」とは、ヨーロッパ人が一六世紀以降に、東アジア世界を始め、南アジア世界や、イスラム世界など、さまざまな自己完結的な地域世界があって、それらの地域世界を西ヨーロッパが統合し、そのような西ヨーロッパ人による統合過程こそが世界史であった。自主的な世界史像の形成には、このような西ヨーロッパの人々が作った世界史的な秩序を、アジア・アフリカの人々と共に新たな秩序に創り変えていくために、自主的な世界史像を形成していかなければならないという思いが込められていた。しかし、そのような試みの前提である日本がアジア・アフリカに向き合うことを困難にしているのは、日本がアメリカの従属下にあるからであるとみなすのである。

こうした観点から一九五〇年代から六〇年代にかけての東アジアの現実はどのようにみることができるのかといえば、東アジアの中国、朝鮮、ベトナム、日本の四つの地域は、国際政治の中で密接に連関性がみてとれる。すなわち、これらの地域は共通して民族矛盾、国家矛盾を抱えているのであって、アメリカがこの地域に介入しているために、朝鮮、ベトナムは南北に、中国は大陸と台湾に分断され、日本は、自民党と社会党の二つの勢力が対立する分裂状況（五五年体制）にある。そのような矛盾と対立を抱え込んだ地域としてみることができる。これをいかに克服し、乗り越えていくのかということこそがこの地域の共通の課題とみなされたのである。

要するに、アメリカの帝国主義的な支配と闘わざるを得ない点で、この地域には共通性と、ある意味での一体性があるという点に着目された。したがって、こうした現実認識から東アジア地域を構想するために、ベトナムは東アジアという地域の不可欠の一部であると強く認識されることになる。私たちが現在抱えている矛盾を解決するために、このような「東アジア」という固有の地域世界がいつから形成されたのか、それをずっと遡っていくと、中国の皇帝が政治的な統治者として生まれたところまで行き着く。そして中国の皇帝を中心に形成された政治秩序は辛亥革命まで続き、その秩序の崩壊はこの地域に西欧列強が押し寄せてきたことに関わっているとみなされる。かつての固有の秩序は、欧米列強が押しよせ、第二次世界大戦後に、この地域に介入することによってどのように変化したのか、このような歴史的なパースペクティブで過去から現在をみわたした上で未来を展望する方法として、東アジア世界という地域が設定されたのである。したがって、日本の歴史学界における東アジアという地域設定は、一九五〇年代から一九六〇年代の現実と、それへの危機意識と深くかかわっていたと言える。

韓国の現実と東アジア

これに対して、韓国において「東アジア」という地域を設定し、積極的に東アジア地域について語り始めたのは一九九二年頃のことである。もちろん韓国では、二〇世紀の初頭や、植民地期においても「東亜」とか、「東アジア」という地域に関する言説はあったが、それらは多分に日本人の議論に引きずられた一部の日本に通じた知識人の言説であった。当時の韓国人がみずから主体的な問題意識から「東アジア」を語り始めたのは一九九〇年代に入ってからとみてよい。

この頃に、韓国でしきりに「東アジア」を主題にした言説が唱えられたのであるが、ある韓国の研究者によれば、「文化的商品とも言えるほどもてはやされた」とか、「一つの時代の流行に乗った発明品」というような言い方がされた。そこには明らかに否定的なニュアンスが感じ取れるが、こうしたレッテルを張られながらも、この時代に「東アジア」という言葉が論壇で使われ始められたのである。

そのような延長線上で、一九九八年末には『東アジア批評』『東アジア文化と思想』『今日の東洋思想』といった季刊誌が立て続けに刊行された。まさにこうした時期に、私は一年間、韓国に滞在していたことになる。先述のとおり、当時の歴史研究者に日本の東アジアに関する議論を注釈なしに展開すれば、反発を受けるようなことがあったのである。それはちょうど、韓国社会でも東アジアが様々に議論され始めた時期に当っていた。歴史学は、その学問の性格上、同時代の思想との間にタイム・ラグがあるので、韓国の歴史研究者たちは、「東アジア」という言葉に鋭敏になり、警戒心を持っていたのではないかと推測する。いずれにしても、この頃に韓国においても東アジアが現実的、思想的な課題となっていたのである。

それでは、なぜ、この頃に韓国において「東アジア」ということが課題になったかと言えば、冷戦終結（一九八九年）後の東アジア情勢、とりわけ朝鮮半島を取り巻く国際環境が激変したことがまずあげられる。大きくは、社会主義圏の没落と冷戦の終結があり、あるいはグローバリズムの拡大と深化のなかで、国民国家の役割の低下が実感されてゆく頃でもあった。また、その頃には韓国、台湾、香港、シンガポールなどの東アジア（ＮＩＣＳ）の経済成長を重視する発展国家論がもてはやされ、あるいは西欧のポスト・コロニアリズムの影響などが、その東アジアに関心を向けさせた要因として挙げられている。これらはいわば対外的な要因である。

その一方で、内部的な要因として、韓国の経済的な発展、ソウル・オリンピック前の北方外交の結果による周辺地域に対する関心の高まりなどがある。それに加えて、マルクス主義の弱体化による進歩派の展望の喪失、あるいは一九九〇年代の民族主義に対する批判などがあり、こういった諸要因が重なって韓国においては、九〇年代の初めに「東アジア」という地域に関心がよせられ、韓国を東アジア地域との関係において論じるという傾向が急激に増大したと説明されている。

それらの諸要因もさることながら、何よりも重要なのは、韓国では建国以来、北朝鮮と対峙し、反共を国是としてきたという事実である。そのような国是としての反共をソウル・オリンピックのときに、あるいは東西冷戦の終結後、もはやそのまま国是として掲げ続けることができない状況でもあった。そのような流動的な情勢の中で、みずからをいかに国際的な秩序の中に位置づけたらいいのかということが韓国自身にとっても問われ、みずからの重大な課題になったことが大きな要因であったと考えられる。

このような韓国を取り巻く国際状況の大転換の直後に、韓国で東アジア論が登場したのである。前述のとおり、韓国における東アジア論とは、日本のように、かつてあったものが復活したとか、再浮上したというものではなく、それ以前に、そのような思想的な経験がほとんどなかったのであって、新たな議論としての「東アジア」が九〇年代に韓国を取り巻く国際状況の激変によって現実的な課題、思想的な課題として浮かび上がってきたのである。

したがって、日本で「東アジア」を語ることと、韓国で「東アジア」を語ることとの間には、まず、その文脈が相当に違うということが理解できるのではないかと思う。韓国における東アジア論とは、決して自明なものではない。それが生み出された固有の歴史的な文脈があり、それが切実な現実的課題をもって登場したことになる。

東アジアという国家領域を越えた地域を論じるということは、各々がそれを自らの課題にせざるを得ないような、固有の文脈があるゆえに、それらを無視して同一には論じることはできない。すでに見たように、日本では、一九五〇〜六〇年代の課題から、「東アジア世界論」という枠組みが構想され、一方、韓国では一九九〇年代の現実が「東アジア論」を生み出したということができる。

そこには同じ「東アジア」という地域を語りながらも、全く背景が違うということが理解できるであろう。

共に語る「東アジア」

日本の東アジア世界論は、一九五〇年代、六〇年代に「日本人がアジア・アフリカと直接に向き合うことができず、常にアメリカを通してしか出会うことができない構造に取り込まれている」という危機意識の中で、二〇〇〇年にわたる東アジアという地域的な枠組みを設定し、自分たちが現在どのような位置にあり、どのような矛盾を抱え、それをどのように克服していけばよいのかを歴史的に考えようというところから発想されていた。それは日本人として、日本人の歴史的な課題に答えようとする、あえて言えば特殊日本人的な問題設定であったということができる。

しかしながら、韓国においても冷戦の終結後の一九九〇年代に入り、朝鮮半島を取り巻く国際状況の中で、朝鮮半島を周辺地域と関係させながら、自分たちをどのように位置づければよいのかという現実的な課題の中で、東アジアという地域構想が出現している。そこには同じく「東アジア」という言葉を用いて語りながらも、上原専禄氏や西嶋定生氏らとは、ほとんど共有することのない契機と問題意識がその背景にあることをみてきた。

ここで留意しなければならないのは、問題意識を異にしながらも、韓国においてもここ二〇年くらいの間に、さまざまな議論が出てきたように、「東アジア」に関する議論が、これだけ近隣諸国との相互に緊密さを増した交流の中で起こっているという事実である。しかし、日韓中のそれぞれが他国の東アジアに関する議論とは無関係に、各国でローカルに「東アジア」が語られ続けることがあってはならないはずである。日本、韓国で各々が語っている「東アジア」とはどういうものなのか。そのようなことを共に語り合い、違いや共通点を確認しながら、あらためて共有するための努力をする時代に入っているのではないだろうか。

そもそも現在のヨーロッパを中心とする世界史は、一六世紀以降のヨーロッパ人の世界拡大に伴うヨーロッパ固有の歴史的課題にこたえるために、ヨーロッパの歴史的な経験の深いところから、彼ら自身の問題解決のために構想された歴史であった。それがワールド・ヒストリー（世界史）であったとすると、私たちはかなり倒錯した世界史を学習してきたことになる。ヨーロッパ人が一六世紀以来の問題解決のためにつくり上げた世界史を日本人が学ぶとすれば、あまり主体的な問題解決の手だてにはならないのではないだろうか。上原専禄氏の思いをやや広げて解釈すれば、そのようになるのではないかと思う。

したがって、東アジア諸国が連帯してお互いが生きている、この地域の歴史的課題とその解決に答えるための自分たちの世界史があっても良いということになるのではなかろうか。実際に上原専禄氏が編集した世界史教科書（検定不合格後に岩波書店より『日本国民の世界史』として刊行される）には、西洋史より東洋史を先に論述することで誰のための世界史なのかを明確に宣言されており、日本人の世界史の教科書として興味深い試みと見ることができる。東アジア固有の地域世界に留意しつつ、そこから世界史的な展開が論述され、自分たちを取り巻く現在の世界史的な状況に至る過程として論述されているのである。興味深い試みというよりは、このような叙述がむしろ正常なのかもしれない。

そのような世界史を一歩進めて、私たちは徹底的に現在のアジア諸国が抱えている現実の問題を念頭に世界史を説き起こし、東アジアの切実な問題を解決するために過去を問いながら、新たな「東アジア史」、新たな「東アジア世界論」が追究されなければいけないのではないだろうか。これは、上原専禄氏たちの思いを現在に移し換えれば、このようになるのであろう。

これまでの日本の「東アジア」という地域の歴史は、いわば我々日本という一人称から構想された歴史の枠組みであり、その弱点は「東アジア」が日本人という一人称の問題でしかなかったことである。例えば、読者としての韓国人や中国人が、当時の上原専禄氏や西嶋定生氏が語っている東アジアの叙述をみても、どこか自分たちの問題である気がしなかったはずである。当然のことながら、それは当時の日本人の問題意識から、日本人のために問題を設問しているからである。

したがって、いま必要なのは、日本人の東アジアではなくて、私たち東アジアで生きる人々の東アジアであって、その東アジアが抱えている問題というように、二人称で語りえる切実な課題が歴史という過去に問いかけられてこそ、より豊かな「東アジア史」になるのではあるまいか。

「東アジア」という地域で何を共に語るのか

東アジア諸国は一九世紀以降、欧米列強諸国との間で様々な葛藤を経験し、また東アジア諸国も相互に葛藤を繰り返す中で、ヨーロッパ人が生み出した近代に直面してきた。さらに東アジア諸国もヨーロッパ近代で生まれた近代性（modernity）を体験し、東アジア地域の内部において、侵略や植民地支配を押しつける過程で苛烈な近代を生きることになった。こうした過程を経ながら、この東アジア地域に近代国家がそれぞれ形成されてきた。

そうした東アジア諸国が現在、抱えている大きな問題の一つに、「植民地近代」が生み出した苛烈な近代が、各国の社会を強く拘束しているという事実がある。ここに見て取れるのは、人類の近代というのは決してバラ色ではなく、その近代を生み出した背景には、ある人間集団が他の人間集団を徹底的に犠牲にして、ある集団を丸ごと奴隷のようにして支配し従属させる近代植民地支配によって成立するという歴史がある。近代とはそもそも植民地主義と背中合わせになっているところがあって、そのように見ると、東アジアの近代というのは同一の文化圏の中で「植民地近代」の否定的副産物をお互いに強化し合う、いわば共犯関係を形成してきたところに特徴があるように感じられる。

というのも、日本列島においても近代に、北海道のアイヌや沖縄の人々のように、この列島内の人間集団を徹底的に抑圧し、馴致しようとしてきた。そのような抑圧や馴致の仕方は台湾や朝鮮半島にも持ち込まれた。さらに支配と抑圧は、日本人と朝鮮人の間に止まることなく、他者への抑圧は別の他者にも転嫁されてゆく。たとえば、朝鮮半島には開港期以降、相当数の清国人が中国大陸から当時のソウルにやってきて居住していた。そうした経緯で韓国に移り住んだ華僑と呼ばれる人々は、解放後にもソウルを中心に朝鮮半島にかなり居住していたのだが、現在ではほとんど華僑の人々は韓国に存在していない。ここ数十年の間に、彼らは台湾やアメリカに移住してしまったと言われている。韓国は世界の中でも日本に勝るとも劣らないくらいに、定住外国人が住みにくい国とさえ言われている。

あるいは中国においても、五五の民族からなる「中華民族」を標榜しながらも、マジョリティーの漢族による少数民族に対するすさまじい抑圧があることを私たちは知っている。

そうしてみると、この東アジアにおいて、私たちは互いに同じような構造的な矛盾を抱えていると言えるであろう。別な言い方をすれば、他者に対する抑圧の共犯関係があるという点に、この地域の特徴があるのではないか。負の連鎖の中で植民地主義的な状況が終わらないところに共通性があるのではないか。これをあえて、ポスト・コロニアリズム（脱植民地主義）という言葉で呼ぶとすると、日本を含めて東アジア諸国に、こういう現象が深く偏在しているように、私には思えるのである。

なぜ「東アジア」を語るのかと言うときに、私たちは同じ文化をもっているからである、多くの共通点を持っているからである、だから「東アジア」として一つにまとまらなければならないというように、国民国家の拡大版をつくろうとすると、国民国家を形成する過程で生じた様々な問題を必然的に繰り返し生み出すことになるであろう。

それでは、なぜ、あえて「東アジア」という地域を設定しなければならないのかと言えば、この地域で現在直面している諸問題を解決するために、東アジアという地域設定をすることによって、この地域の諸国家が抱えている問題を、この地域全体で検討してみることで、一国では問題の所在が見出せなかった諸問題を広域の地域を設定することによって、問題の共通性を発見し、矛盾を共有しているような地域として東アジアを考え、ともに問題解決の方法を検討してみる。そのような解決方法を見い出す場として地域を設定してみるのである。このように問い方を変えて「東アジア」という地域を案出していかなければ、また国民国家の時代と同じ失敗を繰り返すのではないか。東アジアが抱えてしまった近代の難問、共通の克服すべき問題を解決するために東アジアという地域設定をしてみようというのである。

具体的な例として、この地域の共通の問題として、開発独裁をあげることができるであろう。この地域では近代化のためには独裁が許容されてしまうのはなぜなのか。民主主義がおろそかにされ、権威主義体制がはびこるのはなぜなのか。この地域の共通する克服すべき問題を歴史的に問うことができるはずである。

あるいは、この地域の問題として生命倫理が非常に軽視されるという状況がある。臓器の売買が平気で行われ、それに歯止めが掛からないのはなぜなのか。また、死刑を国民こぞって許容するというのも、残念ながらこの東アジア地域の特徴であろう。日本や韓国や、ベトナムやシンガポールでは、何か凶悪犯罪が起こると、国民が死刑に積極的に賛成する。中国や北朝鮮では、公開死刑が現在でも行われているという報道がなされることがある。しかしながら、死刑を積極的に容認するというのは、決してこの地域の固有の特徴ではない。歴史的に見れば、この地域の前近代には、巧妙に死刑が避けられるような制度的なプロセスが作られていた。むしろ逆に、死刑を認めなくなっているヨーロッパでは、かつては神の名のもとに死刑が大規模に行われてきたという歴史がある。それがなぜか近代以降に逆転し、ヨーロッパ諸国では、死刑を廃止するようになってきたのか。その反対に、この東アジア地域ではなぜ多くの国民が死刑を積極的に許容するようになってきたのか。

そのようになったのは、この地域に共通の問題があるのではないか。もし東アジアの近代において逆転するとなれば、この地域に共通の近代化の問題があるということになる。そのような現在抱えている問題を設定する場として、東アジアという地域設定に意味があるのではないかと考えられる。

本稿で冒頭に掲げた〈今なぜ「東アジア史」なのか〉という問題設定も、この地域に性急に共同体をつくろうというのではなく、この地域が抱えている難問を解決するための地域設定であり、そのような目的で、東アジアの歴史を叙述すれば、かなり意味のあるものができるのではないかと考えている。

III

討議

いま〈アジア〉をどう語るか

議長・有馬学　今から討論に入りますが、最初に今日のシンポジウムでコメントをしてくださる若手研究者三人の方々に、午前、午後の講演に対するコメントをお願いします。それらを踏まえて講演者の方々による全体的な応答の後、討議に入ります。

壇上のコメンテイターの方々を順にご紹介いたします。スウェーデンのストックホルム大学から来られた、カール・グスタフソンさん。日中関係、あるいは日中間の歴史認識問題のご研究をされております。ちょっと伺ったところでは、戦争にかかわる日本の博物館や記念館、そういうところで戦争がどのように語られているのだろうかということに関心を持って研究しておられるということです。

それからお二方目は、現在ニューヨーク市立大学におられる、イスラエルのラン・ツヴァイゲンバーグさんです。ツヴァイゲンバーグさんは、現在、広島平和記念館をテーマにご研究をされているということです。先ほどのご講演の中にも出てきました和解という問題も、当然そのご研究の中の重要な柱として含まれていることになろうかと思います。

有馬学氏

それから最後に、中国の徐涛さん。九州大学大学院博士課程でご研究中で、同時に北九州市立大学で非常勤講師をされております。徐さんは中国の東アジア外交、あるいは中国外交における地域主義といったものをテーマにご研究をしていらっしゃいます。

それでは、まずグスタフソンさんから、コメントをお願いいたします。

近代における「日本とアジア」

カール・グスタフソン　私の専門は現代の日中関係ですから、コメントも現代の状況と関係があるかもしれません。まず松本先生への質問ですが、東アジア共同体をつくるために中国の民主化は必要だと思いますか。ＥＵの談話によってＥＵの新しいメンバー、ＥＵに入りたい国は必ず民主主義の政治的な制度が必要だとよく言われていますが、東アジアの共同体でもそれが必要だと思いますか。

次に、中島先生への質問です。東アジアの国家間関係をよくするためには思想と心情が必要だと中島先生がおっしゃいました。一九五〇年代のアジア・アフリカ会議があったときに、アジアの国々は発展途上国家でした。そのときの状況は中島先生の講演を聞くと、思想と心情、連帯と同情があったように思います。つまり、アジアとアフリカには同情と連帯があり、同一性があったようですが、現在はアジアのある国は発展途上でほかの国は発展しました。その状況は一九五〇年代とかなり違いますね。例えば中国はスペースシャトルを打ち上げたりするなど、発展した部分もありますが、ある意味では発展途上で、中国政府はよくほかの発展途上国家と

カール・グスタフソン氏

の連帯を叫んでいます。そういう状況はアジア主義の障害になるのではないでしょうか。もし障害ならば、どうやってそれを克服しますか。

次に劉先生におたずねします。中国と韓国における民族的・国内的和解の実現について、例えば対日協力者に対する恨みがいわれますが、中国で対日協力者に関する討議や議論はどのくらい進んでいますか。私は日本と中国の戦争と関係ある博物館や記念館について研究をしており、中国で二〇カ所以上の抗日戦争博物館や記念館を参観してきましたが、戦争のときの対日協力者の存在はわずかしか叙述されていません。逆に民族的な団結が強く強調されています。ですから、そういう歴史が余り語られていない印象がありますが、そういった討議はどこか別のメディアか場面では行われていますか。

李先生への質問です。李先生の講演を聞くと、文脈の重要さが明らかになってきます。概念が同じでも、文脈によって概念の意味が違うように解釈されることがあります。これは一般的に注意しなければならないことだと思っております。東アジア論だけでなく、アジア主義、アジア、ヨーロッパ、歴史認識、民主主義、人権など、文脈によってこういう価値的な言葉の意味が異なってきます。一つの国の中でも政治的な意見などによって、その状態の解釈が違いますので、東アジア史を書くときでもさまざまな意見が出てくるのではないでしょうか。共通の東アジア史の枠組みは李先生が講演の終わりで述べた問題群の解決と解放にどのように貢献できるでしょうか。それについてもう少し詳しく教えていただきたいと思います。

ラン・ツヴァイゲンバーグ　私の専門は、政治と記憶の問題、広島の平和記念館の資料のつくり方と使い方といったところですので、ここでは、「記憶の政治」(the politics of memory)とナショナリズムについてコメントをいたします。

劉先生の発表によれば、東アジアの歴史に三つの区分があります。この区分は有効だと思いますが、もう少し東アジア史についていえば、近代以前の各国のプロト・ナショナリズム、つまり国民国家をつくる過程の前のナショナリズムを考慮に入れないといけないのではないでしょうか。

近代以前に、日本にも朝鮮にも中国を中心とした世界観が存在しましたが、江戸時代は日本中心の世界になりました。そのため、アイヌ人と沖縄人は野蛮人とみなされました。朝鮮やベトナムでも中国の影響が弱くなると、王様は皇帝になりました。このような強いプロト・ナショナリズムは人種的なナショナリズムになりました。そして、東アジアという概念と枠組みについて考えれば、このようなナショナリズムの力を視野に入れないといけません。

ラン・ツヴァイゲンバーグ氏

この文脈の中で、私は劉先生の論文の「和解」という概念に深い興味を持ちました。劉先生の発表で共産党と国民党の和解についての記述がありましたが、特に歴史教科書の中の共産党のコメントに対する戦争の勝利の記述の変化に興味を持ちました。しかし、コメントでは台湾は今、中国の敵ではなく取引相手です。台湾とアメリカ帝国主義のかわりに、日本が中国の「歴史的な敵」になりました。少なくとも公式のメッセージ、教科書、記念館のメッセージなど、この三〇年間の反日感情の強調は新しい現象です。

日本は決して中国の友好国として表現されませんでしたが、八〇年代まで共産党は日本と一定の共和関係を維持したかった。これには色々な理由がありますが、たとえば貿易のため、テクノロジーを移動するために関係を維持したかった。しかし、八〇年代には、共産党の政党イデオロギーとして愛国主義が社会主義にとってかわり、中国の歴史における抗日戦争と、反日主義が強調され始めました。そのため、例えば一九八五年に南京の記念館が創立されました。靖国問題も八〇年代から論争が激化しました。マスコミの自由化の後、共産党はこのような国民感情をもはやコントロールできませんでした。もし共産党が反日感情を非難しようとしたら、共産党は中国国民によって非愛国主義的だと見なされることになってしまうでしょう。

そのため、台湾が共産党のイデオロギーの敵であるかわりに、いま、日本は中国のナショナリズムの敵になりました。この状況で、いま日本と中国は和解できるでしょうか。和解ということでは、EU（ヨーロッパ連合）とつながりがあります。EUの形成における二つの主な要素は、フランス・ドイツの和解という内部の問題と、ソ連に対して、またアメリカに対しての気負いという外部の問題でした。このような予想は中国と日本の場合にあるでしょうか。東アジアという概念はこのこと無しに実現できません。東アジアにも戦後のヨーロッパのような資本主義と西洋化に対してのアンビバレンスが存在しました。

このような経緯から、私は中島先生の三番目のアジア主義（思想的アジア主義）に興味があります。中島先生が記述したアジア主義は、すべてナショナリズムと強いつながりがありました。思想的アジア主義もナショナリズムとつながりがありましたが、ほかの近代思想とのつながりもありました。資本主義のような国境を超えた思想や概念は、ヨーロッパでとても生産的な力でした。近代の悪夢である原爆被害を受けた広島を再興した知識層と市民は、これと似た意味で国家主義を超越した健全な批判主義を達成できました。

そして、中島先生の発表に見たように、このような態度は日本の近代超克のための議論に伴うものでしたが、戦後にほとんどなくなりました。今もいろんな近代に対する批判がありますが、戦前の批判は日本固有の考えだったけれど、今の批判はほとんどポストモダニズムに由来するものです。この批判的なアジア主義は再生できるでしょうか。

徐涛　今日の先生方の話は、阿片戦争以後、つまりアジアあるいは東アジアにおける近代以来の一六〇年間の歴史を凝縮していると思います。私自身は少し消化不良であることを知りつつも、一生懸命このような知識を消化しながら、そして少し整理しながら質問をしたいと思います。

まず、「いま、アジアをどう語るか」という設定はまさに現代化、そして歴史認識そのものだと思います。今、アジアをどう語るのかという問題に入る前に、松本先生、そして中島先生は歴史的な観点からアジアがどう語られてきたのかについてご指摘されたと思います。

アジアがどう語られてきたのかを考えるときに、福沢諭吉の『文明論之概略』が非常に重要な存在です。これは子安宣邦先生が言われたように、日本におけるアジアの語り方はオリエンタリズム的なものであると言えます。つまり、福沢諭吉が（ギゾーの）ヨーロッパ文明史そのままの観点でヨーロッパ中心主義的な文明論をアジアに導入したわけですね。日本がこういった文明論を受容してしまったことで、心情的・思想的なアジア主義――つまり、アジアにおける連帯ですが、そういう心情があるにもかかわらず、「脱亜入欧」の政略的アジア主義に走ってしまったというところがあると思います。まさにその時期からアジアにおける近代的国民国家の建設が始まったわけです。

徐涛氏

そのようなプロセスの中で、中国は日本より数十年も長くかかりました。なぜかというと、李先生の話にも出てきますが、東アジアにおいては、それまで二千年ほど中国を中心とした東アジア秩序、あるいは東アジア世界が存在していました。そういったような東アジアの「頂点」を、東アジア文化の中心を担ってきた中国は、一九世紀に西洋の衝撃を受けたにもかかわらず、そう簡単には欧米化することはできませんでした。

しかし、中国あるいは中華帝国を中心とした東アジア地域において、その周辺にある日本は簡単に転向できました。いち早く欧米の文化、あるいは思考様式を取り入れたわけです。しかし、日本が戦略的なアジア主義に走ってしまったために、東アジアにおいて大きな歴史認識の壁が残ったのです。

しかし、一九四五年以後どうなったのかというと、戦後日本は「脱亜入米」ともいえる路線を選択しました。鳩山首相（二〇〇九年当時）も、これまでは日本が余りにもアメリカに追随してきた、あるいはアメリカ寄りの路線を取ってきたことを明言しています。そのため、日本が真正面から中国や韓国、北朝鮮を含むアジアとの間に精神面における和解を実現できませんでした。また、日本とアジア諸国との真の和解を進める国際環境もなかったですね。

吉田茂や岸信介、さらにその後もそうですけれども、一貫して、この戦争に対する賠償、戦争の清算を徹底的に避けてきました。そして日中国交正常化や日韓国交正常化も、冷戦という構造の中でなされたのです。中国に関しては、ソ連という最大の敵に対立している状況の中で、日本と戦略的な和解が果たされたわけです。残念ながら、そこでは心情的、あるいは精神的な和解が実現されませんでした。

そして、九〇年代以降、中国や韓国で、国民のレベルから和解を求める声が出てきました。つまり、戦略的和解という冷戦環境の中でなされた和解が、国民の声なしに指導者のイニシアティブで行われてしまったわけですね。あるいは対米戦略の中でその選択がなされたのです。このような長い歴史の中で精神的和解が残されたまま、我々は二一世紀を迎えてしまったと私は思います。

この話について、劉先生と李先生が重要な課題を提示してくださったと思います。つまり、西洋を中心としたグローバル化の中で東アジア諸国が近代化していきます。しかし、帝国主義日本という加害者、そして植民地化された朝鮮・半植民地に陥った中国という被害者という異なった歴史経験が、各国で異なった歴史認識を生み出す背景になっているのです。しかも、戦後の歴史的清算はまだなされていないのです。中島先生、そして松本先生が最後に提示してくださった精神的和解というもの、つまり思想ですね、それがどういったような理念に向かっていくのでしょうか。

今、中国や韓国、日本はアジア、東アジアを語っています。どういう理念で語っていくのか。恐らく松本先生と中島先生は、そこは一致しているのではないでしょうか。私にとって、その理念とは、「共生」と「連帯」という言葉で示せると思います。これについて補足する事柄があれば、ご指摘いただければと思います。

そのような思想のレベルに昇華するために、どうすればいいでしょうか。今でも戦略的東アジア外交を日・中・韓はずっと展開していますが、こういったような戦略的東アジア外交というものをどうやって思想のレベルに昇華していくのか。まず精神面、あるいは思想面における和解が必要だと私は思います。大まかな流れとしては、私は四名の先生方の基調講演やご発表をこのように整理してきたわけです。

つまり、東アジアに生きる我々には共通し、共有されるべき理念があることが、ここで確認されたわけです。その一方で、明らかに大きな問題もあります。それは精神面、あるいは思想面における和解が残されているという点です。こういった共有されるべき理念と、残された課題に対して、どのように今後取り組むべきなのか。この問題について、先生方はどう考えられるのか、まずこうした質問を先生方にさせていただきたいと思います。また後ほどの議論の中で具体的な質問をしたいと思います。どうぞよろしくお願いします。

議長（有馬）　どうもありがとうございました。

それでは、以上のようなコメントを受けて少しご意見を伺ってまいります。基調講演者の松本先生、中島先生、今のコメントの中には非常に具体的な質問の形をとったものもあり、ある問題の理解の仕方を提示されたものもあるわけですが、劉先生、李先生のご発言も含めてお願いしたいと思います。松本先生からお願いします。

四十四年という時間差

松本健一　劉先生のお話の中に、どういう文脈、どういうふうな過去の歴史を踏まえながら、東アジアの問題を考えるのかという発言があって、日本の場合には一九四五年が一番大きな問題になるだろう、そして中国の場合には辛亥革命の一九一一年が大きな問題になるだろうと言われておりました。

その発言の中で歴史年号がたくさん出てきましたけれども、これはかなり意味のあることだと思います。それは、ただ単に歴史の復習をしているのではなくて、どういう歴史から我々は学ぶのか、そしてまた、どういう歴史比較の上で東アジアを語っているのかということを考えなければならない。

私は二〇〇八年、北京オリンピックの一カ月ほど前に、中国の『南方周末』という上海の新聞に「一九六四年社会転換説」という論文を載せたのですけれども、それは今から二八年前の論文を全文、中国語に翻訳したものでした。「日本は一九六四年のオリンピックで何が変わったのか」というテーマの論文ですが、それを北京オリンピックの一カ月前に翻訳して載せたのです。

松本健一氏

これを見てみると、中国社会がオリンピックの後、どう変わるかという予測を立て、また、その問題点を出しているんですね。高度成長というプラスの側面があるけれども、私の論文の中で扱っている東京オリンピックの四年後、一九六八年に日本は公害問題というのが非常に大きく出てきました。亜硫酸ガスで子どもたちが小学校で整列中にパタパタと倒れる、あるいは神田のお堀の水が真っ黒になってしまうという公害問題が起きてきたということが、その論文の中で書かれているんですが、中国でまさに同じような問題が起きるであろうという予測ですね。そういう予測のためにその論文が載せられたのだと思いましたけれども、論文が載せられてから、中国人自身がじっとそういう問題を考え始めて、これはなかなか解決されない、と不満が高まっているんですね。

北京オリンピックは二〇〇八年です。東京オリンピックは一九六四年。一九六四年から二〇〇八年までというのは時間差が何年あるかというと、四四年の時間差がある。この四四年の時間差というのは何なのだろう。日本が先にオリンピックをやったから偉いなんて言っているのではなくて、この時間差は何だろう。先ほどの話の中にも中国があれだけ大きな統一を抱えて、東アジアの中で華夷秩序を保ってきた。これが解体して清朝がなくなるわけですから、そこのところで近代ナショナリズムの新しい秩序ができるというのは、なかなか難しい。一方、日本のように、その周縁にいた、端っこにいて単一民族的な国が国民国家化すること、近代化をすることは簡単といえば簡単であった。つまり、日本にとって国民国家をつくることは意外と簡単であったということですね。中国の場合には、大きさもあるし、多民族・多文化のこともあって日本のように簡単には変われないということです。

オリンピックの四四年差というものをどういうふうに理解したらいいのかと思って、去年の一二月ぐらいまで、オリンピックの後四カ月ぐらい考えたのです。

そうしたら、先ほどちょっと言いましたけれど、私は北一輝の研究をしており、中国の辛亥革命とのかかわりも研究している。中国の辛亥革命、今日もたくさん辛亥革命の話が出てきましたけれど、一九一一年に革命が行われ、一二年に中華民国という国民国家の原初形態が一度でき上がるわけです。大総統（大統領）も皆で選び議会もつくられて、憲法もつくられた。

そういうふうに考えると、日本の国民国家への出発は一八六八年の明治維新から始まっている。明治維新の一八六八年に四四年を足すと、実は、中華民国の成立した一九一二年なのです。つまり、華夷秩序を形成していた清帝国を倒して、ナショナリズム国家をつくる。東アジアの文明の中にあった国々が近代国家化する、政治的な用語でいうと国民国家の形成をする。そういうふうな形において、明治維新と中華民国の成立で四四年の時間差がある。もちろん、その要素だけではありませんが、これが、国家が統一をして国民を総動員してオリンピックをする時間差の、ちょうど四四年になっているではないかと、一つ発見したわけです。

ですから、今日、辛亥革命の話が出たり、明治維新の話が出たり、あるいは戦後日本の解放の問題、敗戦の問題、これは大変な問題なのですが、私はもう一つ、中国の『東方早報』に最近、論文を書きました。民主党政権の成立に関する「日本国家の未来像」というタイトルのものですね。そうしましたら、私の書いた見出しの上に中国側が見出しをつけている。私の論文の内容が「今度の民主党が政権を取った選挙は『第三の開国』選挙である」というふうに始まっているんです。そのタイトルの上に中国の新聞社がつけたタイトルが「日本再維新」。再び維新の時代に入ったということですね。

ここにその論文がありますが、「一八六八、一九四五、二〇〇九」と、三つの開国時期が書かれています。私は今、「第三の開国」期だと言っておりますが、三つの年号が並べてあるんです。二〇〇九年、ここで日本は再維新を始めていると。それぐらい今度の政権交代というのは大きな歴史的事件であると私は考えていますけれども、中国のほうでもまさにそう見ている。

これは今日の話に出てきませんが、日本は必ず国内を変えていくというときに「維新」という言葉を使うんですね。「維《こ》れ、新なり」ということです。本質は変わらないけれども、時代に合わなくなってきたら衣装を改める、洗濯をする。坂本龍馬ふうに言えば、「日本をいま一度洗濯いたし申し候」という言葉ですね。洗濯をしたところで、きれいになって新しい時代に合うように変えるけれども、日本の本質自体は変わらない。日本の場合には維新という形で変革をしていく。中国の場合には（易姓）革命によってそれをしている。これはどちらがいいか、悪いかということでなくて、その国柄の問題であろうと思います。

そういう歴史のことを考える際に、一八四〇年代の阿片戦争からアジアの近代が始まっていったと。この問題に関して、先ほどから阿片戦争というのがアジアの近代の始まりであろうというふうに、皆さんの共通意見として出てきていますけれど、私は日韓合同学術会議の日本側の幹事をやっていたんですね。アジアの近代史は阿片戦争から始まっているから、日本と韓国で学術会議をやるときに阿片戦争をどうとらえてきたか、日本はどうとらえてきたか、韓国はどうとらえてきたか、という共通テーマで会議をしようと提案したのです。

そうしましたら、海に囲まれた日本にとっては、阿片戦争というのは大きな事件かもしれない。それは西洋のほうから海を越えて襲われるかもしれない、植民地化されるかもしれないという日本の危機感でしょう、しかし、韓国では阿片戦争はそんなに大きな事件ではありません、というふうに言われたんです。これは後でお話をお伺いしようと思っていたのですけれども…。

私が「では、阿片戦争が大きな事件ではないとすると、李氏朝鮮、朝鮮にとって阿片戦争に当たるような大きな事件はあるのですか」と言いましたら、そのときの答えが「我々の朝鮮半島にとっては、太平天国の乱（一八五〇～六二年）のほうが大きな事件だった」と。太平天国の乱というのは清国の内乱で、キリスト教徒を中心とする反政府運動です、満州族の清朝を倒せという運動です。それで、もしも清朝が倒れたら、その瞬間に朝鮮半島の李朝も倒れる。先ほどの話で言えば、大中華の中国に対して小中華と言っている朝鮮半島の李氏朝鮮も倒れる、李朝も倒れる。だから、我々にとっては阿片戦争よりも、つまり海の中にいて西洋から襲われるという危機よりも、西洋との間に中国があって、その後ろ盾とする中華の王朝が倒れてしまうということのほうが危機だったのだという答えでした。

そういうことで、その年に韓国のほうでは「太平天国の乱と朝鮮半島」、日本のほうでは「阿片戦争と島国・日本」という形で問題設定をした。アジア近代史もそういうふうに歴史をさかのぼって考えてみないとわからないことがあるんですね。日本にとっては阿片戦争がアジア近代史では一番重要だろうと思っていたけれども、韓国の人々にとってはそうではないということを知りました。やはり聞いてみないとわからないことがあるのだなと思いました。

「中国の民主化」の問題

松本　それからもう一つ、私への質問にあったEUの場合について。EUに入ってヨーロッパ諸国が共同体をつくるという場合には、その国は民主化していなければならない。同じような形で、それは東アジア共同体のときにも同じようなことが言えるか、ということでありました。

これは非常に微妙な問題がありまして、中国は共産党一党独裁体制と言われるけれども、実際には内部的にもう民主化を始めている、そういう実験的な動きが出てきているのです。例えば中国政府を批判するような新聞の論調が出てきても、発禁になるということはほとんどないのですね。そういうふうなことがあります。

オリンピックをやって、今、中国は高度成長をして、国民は豊かになっていますけれども、広東・上海の国民の（赤ん坊まで入れて）一人当たりの国民所得は八千ドル～九千ドルです。社会学的な経験則で言うと、国民一人当たり一万ドルに達すると、つまり日本円にすると大体一〇〇万円ぐらい、月の収入にすると一〇万円をちょっと切るぐらい、それぐらいの経済的な収入を得るようになると、どこの国の国民でも体制を問わず必ず民主化を要求するようになる。経済的な自由は手にした。そうしたら、その次には政治的な自由、参政権、そしてまた、宗教的な自由、思想的な自由というものを要求するようになってくる。

実際に東アジアの経験として言うと、韓国のクーデターによって成立した軍事政権が、大統領を国民投票によって選ぶ、つまり戒厳令がなくなるのが一九八六年ですね。戒厳令がなくなって、その後すぐ大統領を国民投票で選ぶように変わるのです。このときに韓国の国民所得はやはり一万ドルに達しているんですね。それから台湾総統の直接選挙も、同じ八六年まで戒厳令があって、その後、民主的に大総統が選ばれるようになるわけですけれども、そのときにやはり台湾で国民所得が一万ドルに達しているのですね。

今、オリンピックの後の中国の広東・上海の一人当たりの国民所得が八千ドル〜九千ドルに達しているということは、もう一万ドル目前となっているということです。そうすると、それは当然、自分たちも選挙に参加したい。あるいは場合によって政権交代も行いたいという要求さえ出てくるかもしれない。そういうふうな国民の政治的な権利もちゃんと認めていかなければ国民国家とは言えないだろう。たとえ中国が共産党の一党支配であっても、形態とすると国民国家化せざるを得ない。国民を守るのは国家であり、国民国家を支えるのは国民一人ひとりが平等な権利を持って国家に参加してくる。そういうふうな国民国家体制にならざるを得ない、というのが中国の近況だろうと思います。

ですからそれを、中国は民主化していないから東アジア共同体に入れないという主張をするのは当然おかしい問題になってくるだろうと思います。もっと言うなら、歴史を長い目で見ると、例えば『孟子』という本に「民を貴しとす、社稷これに次ぎ」、つまり国家体制がこれに次ぎ、「君を軽しとす」。「この故に丘民に得られて天子となる」。つまり、天子は民衆に信任されて初めて天子となれる、という言葉が出てくる。三千年近く前の中国の『孟子』の中にあるんです。これは民主体制、民主主義制度ではありませんけれども、中国の民主的な思想とすれば、そこまでさかのぼることができるのではないか。

西洋の民主主義制度はこの三、四百年、見方によっては百何十年という歴史しかありませんけれど、中国の中での、そういう民主思想に近い「民を貴しとする」、そして「君を軽しとす」、天子（や独裁者も）民衆に信任されなければ、その位を保つことはできない、という言葉が出ているという文化も我々はもう一度考え直して、中国は例えば民主国家でないから東アジア共同体には入れませんよという短絡的な考えではいけない。我々は孟子という人も出した中国という文明を、もう一度考え直していかなければいけないと思うのであります。

議長（有馬）　ありがとうございました。今の最後の問題は、フロアの方からも幾つか類似の質問をいただいております。共通の価値観の前提として、中国が民主化できるのだろうかというふうなご意見ですね。あるいは類似したご質問として、そのように韓国も含めて政治システム上の価値観が異なるところで共同体が形成できるのか、というふうなご質問をいただいております。

後ほど包括的なご意見を伺うとして、民主化の問題の部分について、劉傑先生、何かご意見がございましたら、そこだけに限って先に伺っておきたいと思います。

劉傑　この民主化のことについて申し上げますと、私も松本先生がおっしゃったことに賛成です。まず、中国が今掲げているスローガンに「以民為本」というものがあります。これは民主主義の制度というよりも、「いかに民の政府であるべきか」という目標です。その実現の可能性は別として、現在の中国の民主主義の思想は、ここから出発しているのではないかと思われます。

劉傑氏

もう一つは、民主化はどのような形で実現するのかということだろうと思いますが、最近、中国共産党の中枢部の理論家たちも「民主はいいものだ」という論文を共産党の機関誌に掲載しました。しかし、その中身を見てみますと、彼のいう民主主義は、決して共産党の一党支配というものを否定するものではありません。そういう意味で、彼は、「一党独裁」ではなくて、「一党施政」、政治を行う、という言葉を使っているんですね。

つまり、この「一党施政」という現状はしばらく続くでしょう。そして、「一党施政」の中でどういうふうに民主化を実現するのかということを提起しています。答えはいわゆる共産党の「党内民主」です。

では、より広い意味の民主化をどのように求めるのか。例えば天安門事件のような急激な大衆運動、あるいは政治変動によって民主化するのか。今、松本先生がおっしゃったように中国は革命の歴史がずっと続いてきたわけです。つまり、一つの時代の変化に必ず「革命」がありました。

しかし、革命によって時代を変更させるという歴史は、今の中国の知識人の間では、もう懲り懲りだという考えが広がっています。つまり、もう革命が繰り返されるのは嫌だということですね。今、「革命」の二文字は知識人にとって、嫌われる言葉になっているのです。ですから、混乱を伴う民主化というのは、多くの知識人にとって歓迎されるものではありません。これはある種のコンセンサスとなっているように思います。

ですから、中国の民主化ということを考える基準は、何か中国的なものを考えないといけないのではないかと思いました。以上です。

議長（有馬）　どうもありがとうございました。それでは、中島先生、よろしくお願いします。

「アジア主義」の相対化

中島岳志　幾つか非常に重要なポイントがあると思います。

まず、劉さんのご発表の中で非常に重要だと思ったのは、中国の近代という議論の中ですが、「日本のアジア主義に抗する中国のアジア主義は、傍流であり続けた」という議論をされています。さらに中国にアジア主義はあったのかということについてクエスチョンマークをつけられていますが、これは非常に重要な問題で、私たちが認識をしておかなければいけないポイントだろうと思います。

というのは、アジア主義というのは日本の中から極めて特殊に出てくる現象でもあるということです。世界のアジアのさまざまなアジア主義というものを検討していくときに、もちろん中国の中にもあります。孫文の中にもアジア主義があったでしょう。あるいはインドの中にはタゴールなどのアジア主義がありました。しかし、これほどアジア主義が大量に出てくるのはどうみても日本だけです。日本という国家の、あるいは国民のアイデンティティの問題と、このアジア主義というものは、かなり強く結びついてきた。これを我々が認識しておく必要があるというのが、まず非常に重要なポイントであろうと思います。

中島岳志氏

そうしたときに何が重要かというと、李さんのご発表にありましたように、韓国の中から新たに九〇年代に入って「東アジア」という問いが出てきたりしていますが、私たちがもう一度相対化しておかなければならないのは、この日本を中心としたアジア主義の議論だろうと思います。日本の、日本中心的なアジア主義をもう少し相対化しておく必要が、これからのアジアの時代には必要だろう。

そして、そのことに深く気づいていたのが竹内好という人だろうと思うわけです。竹内好さんの「方法としてのアジア」というのは、今日の非常に重要なキーワードだと思いますので、もう一度ここからスタートしてみたいのですが、竹内さんの「方法としてのアジア」というのは講演録ですから、読み通すと何を言っていたかな、というような感じになるんですけれども、竹内はあの中で非常に重要なことを言っています。

中ごろから後半にかけてですが、タゴール*の問題を彼はそこで論じるんですね。タゴールの受容の仕方です。タゴールは中国にも日本にも来ます。日本には三度、細かく言うと五度来るんですけれども、そのときのタゴールに対応した日本の言論のあり方と、中国がタゴールに対して持った言論のあり方では大きな違いがあるという議論をしている。これはすごく重要なポイントだと思います。

日本では最初にタゴールが来たのは一九一六年という年でありました。このころには特に大正の初期ぐらいからアンリ・ベルグソン*のブームというのが、大正生命主義の中で起きていました。そういうふうな文脈の中で、思想的なブームの中で、タゴールが一九一三年だったと思いますが、アジア人として初めてのノーベル文学賞を受賞するわけです。その直後ぐらいから日本ではタゴールブームというのがやってきます。このブームの中で一九一六年、タゴールがやってくるのですが、このとき、タゴールと日本は非常に微妙な関係になってしまいました。

どういうことかというと、タゴールブームが起きて、みんな喝采をしたのですが、日本人はタゴールが何を言うかということについて、ほとんど関心がありませんでした。当時の新聞などを細かく見ていくと、タゴールに対する評価はほとんど風貌と声です。タゴールに対する、簡単に言うとオリエンタリズムです。タゴールの姿は美しい、タゴールの声はすばらしい、タゴールは女性的だという語りばかりです。しかし、次第にタゴールの言葉というものが日本人に伝わることによって、日本ではタゴールバッシングが起きることになります。

なぜかというと、タゴールは日本に対して忠告をし始めるわけです。日本に対して、日本は少々西洋に加担しすぎているのではないか。アジアの重要な文明を忘れているのではないか。さらに暴力主義的にアジアに対する侵略を行っているのではないか。日本のナショナリズムにおける膨張主義の問題というのを彼が指摘し始めたときに、日本の中で起きたのは「亡国の民に言われたくない」という反発です。「何で、インドから来たタゴールに俺たちのことを言われる必要があるんだ」という、非常に強いタゴールバッシングでありました。タゴールは非常に失望して日本を去ることになりました。

一方で、中国には一九二〇年代に渡りますが、そのときに中国の側がタゴールに対して受け入れたメッセージというのは、アジアの持っているイマジネーションとともに、それがいかに西洋の帝国主義に抵抗していくのか、そして、そこでアジアが連帯していけるかという問いそのものでありました。

竹内が見たのは、どちらのアジア主義に意味があるかというときに、これは中国のタゴール受容にこそ意味がある。なぜ日本のアジア主義というものは、タゴールという具体的な人間が来たときに、日本人の優越感というものをアジア人に高圧的に与えてしまうのか。日本のアジアに対する認識の中には抜きがたく帝国的な権力というものが、あるいはアジアに対する蔑視というものが含まれている。これが「方法としてのアジア」の中盤のところで、竹内が婉曲的に述べていることであります。この点を私たちはよく理解しなければならないということです。

これはもう一つの李さんの議論にもある戦後の日本のアジア主義というのは、アメリカとの距離感の中で出てくるという問題でありました。反米ナショナリズムとアジア主義は非常に強く結びついたのも事実です。アメリカがだめならアジア、こうなりやすいわけですが、そのときに日本人が持っている、我々の中におけるアジアの認識というのを、もう一度僕たちは見つめ直さなければならない。そういう問題があるのではないか。

そのときに李さんが出された上原専禄という人物は、非常に重要な意味を持っているのだろうと思います。もう一度私たちはそこから、上原などが問うてきた地点からアジアを見つめ直していく必要がある。これから二〇年、三〇年、あるいは五〇年という歴史のスパンを見たときに、日本は反米ではなく、離米の時代というのが間違いなくやってきます。アメリカから離れてアジアに接近する。これがもう歴史の趨勢なのだろうと思います。いや応なく私たちにはアメリカとの距離という問題が出てきます。

そのときに、繰り返し私たちは「じゃあ、アジア」と簡単に言いがちなのですが、私たちがどういう歩みを、そして自分たちの認識の中でどういうふうな思いをアジアに込めてきたのかという問題は、竹内にならってもう一度振り返らなければいけない問題なのではないかなと思います。

グスタフソンさんからいただいた問題には、アジア・アフリカ会議のときにはアジアというのは途上国であったと、その一九五〇年代と今では状況が違うだろうというお話だったと思います。そのとおりだと思います。

松本先生のご講演の中にもありましたように、日本は近代から一五〇年の中で初めて、アジアの中で政治的・経済的に、トップランナーでなくなろうとしてきています。間違いなくこれからは中国とインドの時代です。これは避けようのない趨勢なのだろうと思います。そんなときに日本がアジアとどう向き合うのかという問題を考える際に、日本中心のアジア主義というのは、そろそろ相対化しなければならないだろうと思います。

インドからアジアを見ると、また全然違った風景が見えるわけですね。僕はインドに三年住んでいて、インド研究が本来の仕事ですが、インドから見たときに、インドが今、アジアに対して向けている目の中心は中国です。そしてその次には中央アジアとASEANです。その次に韓国でしょう。そういうふうな順番で、もう今は、インドのどの雑誌を見ても、アジア特集の中に日本というのはほとんど出てこなくなってきました。

インドにおける日本のプレゼンスはものすごく低下しています。中国一色です。しかも、中国とインドの貿易額というのは、日本とインドの貿易額をはるかに上回っています。そういう時代の中でアジアが動いているということを僕たちは知らなければならない。常に日本とどこかの国という形でアジアを見がちなのですが、アジア間の問題ですね。インドはどこをアジアの中で重要視しているのか。あるいは中東はどういうふうにアジアを見ているのか。中央アジアはどういうふうに見ているのか。こういう形から日本中心のアジア主義というものを相対化していかなければならない。アジアの中でいや応なくプレゼンスが低下してくる中で日本はアジアと向き合っていかなければならないというのが、これからの時代だということです。それをしっかりと見つめなければ、また日本はばかげたことを言い出してしまうと私は思います。

そのときに思想的アジア主義の問題が出てくるだろうと思います。ツヴァイゲンバークさん、あるいは徐さんからいただいた問題の中に、この思想的アジア主義というのはどういう問題なのかという問いがありました。これはお話しし出すと本当はものすごく時間がかかるので、すごく端的に申し上げますと、私が考えている中心的な概念の中には西田哲学があります。

西田幾多郎*という人にずっと憧れて、それで大学院から京都大学に行ったのですけども、西田の言ったことは非常にややこしい言葉でして、「多と一の絶対矛盾的自己同一」ということを言ったわけです。それだけ聞くと何のことだろうかと思いますが、この概念と岡倉天心が言った「愛」という概念はつながります。「愛においてアジアは一つである」という主旨のことを彼は議論しましたが、そのときに「不二一元論が重要である」と岡倉天心は言っています。この概念というのをどういうふうに結びつけたらいいのかというのを皆さんとちょっと考えてみたいのですが、「愛」という現象の問題ですね。我々はどういうときに愛というものを抱くのか。

僕たちは自分と全くすべてが同じ、そういう対象に愛を本当に抱くのか。自分と考えも姿かたちもすべて全く同一のものに愛を抱くかというと、多分抱かないだろうと思います。逆に全く違うもの、自分とは全くわかり合えない、何もかもが違うような差異ばかりのものに対して愛を抱くかというと、恐らくそれも抱かないだろうと思います。

僕たちはどこかで自分と同じところを持ちながら、自分とは違うものを持っている他者というものに対して、愛やエロスという問題が出てくるんだろうと思うんです。全く同じでもない、しかし、全く違うばかりでもない、この差異と同一性というものが同時的に発生するとき、このときに愛とかエロスというものが生まれるんだろう。差異と同一性、他と一というものが絶対矛盾を起こすとき、そのときにこそ、恐らく愛とかエロスという問題が表面に出てくるんだろう。そのことを恐らくアジアの思想家、哲学者たちというのはずっと考えてきたんだろうと思います。

ガンディーもそうです。あるいは中東世界の中で言うと、スーフィズムなんかがそういう思想を非常に強く持っていました。イブンアラビーという人の「存在一性論」というのにはまさにこういう京都学派の哲学と非常に近いところも出てきます。そういうふうなものを取り入れながら、仏教思想とつなげようとしたのが井筒俊彦*という人です。このような思想的な文脈というのをもう一度現代の中で問い直し、考え直すことができないのかというのが、私にとっての思想的なアジア主義という問題です。これは成功するかどうか、わからないですが、しかし、こういう底流をしっかりと考えた上で、政治や経済というものと向き合っていきたいというのが、私が竹内や、あるいは先人たちから受け継ぎたいと思っているアジアという問題です。

松本　今、中島さんが李さんの発言に触れて、上原専禄さんのことを非常に詳しく述べてくださいました。この中にも上原専禄さんの名前を覚えている方がおられると思います。我々の学生時代まではかなり影響力の強い人だったんです。影響力というのは歴史学者として影響力を持った人です。ただ、私たちはそれに批判的な考えを持っていたんですね。それはどういうことかというと、上原専禄さんというのはマルクス主義者だったと思うんです。李さんは東洋が先にくる世界史ということを言ったとおっしゃいましたが、それは我々が学んでいたり、印象で持っていた上原専禄と全く違うイメージなんです。

だから、今となると、そういう見方ができるのかと、ものすごく新鮮に思ったんですね。マルクス主義者であって、西洋の歴史を批判的に見るというのはどういうことかというと、上原専禄さんの場合、西洋近代の資本主義はこれから没落するという、そういうマルクス主義理論だったんですね。

そういうふうに我々は受け取ったものだから、上原専禄というのはマルクス主義者で、そんなに学ぶべきことなどないなと思っていたら、李さんの発言の中に、ギリシャ・ローマから歴史を語るというのはヨーロッパの世界のことで、それを日本人がそのまま受け入れてしまって、世界史を理解するというのはおかしいのではないかと言われた。マルクス主義者であることが上原さんの本質であるかどうかは別にして、そういう歴史の見方をした、世界史の見方をしたという驚きと、ああ、四〇年後に一つ教えられたなということがあったので、皆さんの中にも興味をお持ちである方は、上原専禄さんの世界史についての文章、中世史についての文章についても読み直してみるとおもしろいかなと思いました。

ナショナリズムとアジア主義

議長（有馬）　ありがとうございました。私も松本さんとほぼ同年なんですね。ですから、当時の生意気な学生が上原専禄をどういうふうに見ていたかという感覚は非常によくわかるのですが、上原専禄問題はちょっと私も発言したいことがあるので、後でやることにいたしましょう。

中島先生、松本先生のお二人、ツヴァイゲンバーグさんの質問の中に、アジア主義とナショナリズムが非常に強い関わりを持っているという問題についてのご指摘があったのですが、これはフロアの方からもご質問がありまして、日本のナショナリズムとアジア主義との関連性というのはどうなんだ、重なるのか、重ならないのか、ということです。

それから、アジア主義を問う場合に天皇制を問う必要はないのかというご質問も来ております。非常に過酷な要求ですが、お二人に、簡単に一言ずつ応答をお願いしたいと思います。

松本　私が日本には維新があって、中国には革命があるというふうに言った。これは国柄が違うんだと言いましたね。そこにまさに天皇制の問題が絡んでくるんです。天皇制というのは、中国の皇帝制と全く違う。中国の皇帝というのは姓があるんですね。明の王朝をつくったのは朱元璋さんですね。そうすると朱王朝が続く。そして、それを今度は清朝が倒すという形になると、愛新覚羅、アイシンギョロですね、その溥儀というふうに、そこで姓が変わるわけですね。つまり皇帝の姓が変わってくる、そして国の名前を変えてくるというのが中国の「易姓革命」という言葉なのです。ところが、日本の天皇制の巧みさというか、天皇制というのはすごいことをしたなと思うんですけれど、天皇家には姓がないのです。

昭和というのは、死んだ後にその時代の名前、元号というものを諡り名として「昭和天皇」とつけるわけです。歴史の進行中をとって、その生きている歴史の中を切ったときには天皇は姓がないのです。下の名前しかないわけです。明仁とか、裕仁とか、そういう名前しかなくて、何々家という姓はないのです。ですから、天皇制のつくり方というのはまさに日本的なのです。それが実はアジア主義の問題性とどう絡むかというのは、中島さんに話してもらったほうがいいと思います。

中島　先ほども申し上げましたが、ネーション・ステートというものが無くならない限り、ナショナリズムというのは無くならないと思うんです。ナショナリズムには非常に大きな問題があります。それは内なる同一性、画一化という問題です。

例えば沖縄の問題、アイヌの問題に対して、同じ日本人化というものを要求するという、内なる同一化という問題と同時に、外に対しては差異化というベクトルの力学が働きます。外に対しては韓国と俺たちはこれだけ違う、中国に対して俺たちはこれだけ違うと。ナショナリズムは内には同化、外には差異化という、そのベクトルが一気に働くわけです。これが圧力になるというのが、ネーションというものの大きな問題ですが、しかし、ネーション・ステートというのは、先ほど申しましたように、そう無くならないと思うんですね。それはじっくり見ておいたほうがいいと思います。

例えばオルタナティブな方法として世界連邦というのを考えたとしましょう。しかし、僕は世界連邦になってほしくない。なぜならば世界連邦というのがある種の独裁体制になったときに、政治的外部がないから、これは非常に怖い。人間というのはどうしても不完全な動物ですから、政治は不完全なまま推移せざるを得ない。とするならば、その不完全な状況の中で一定程度、主権問題というものを担保するためには、今のところ、ネーション・ステートという方法以外、私たちはそれ以上のシステムというのをまだ見出していないというのが現状なのだろうと思います。

ですから、政治というのは、僕は常に「レス・ワース」、悪くないというものを選んでいくものだと思うので、基本的にはネーション・ステートというものがしばらくの間、まだ続くんだろうというふうに思うわけです。そのネーション・ステートを持ちながら緩やかな連帯、EUのような問題というのが起きてくる可能性はあるだろうと思いますけれども、しかし、EUとて、それぞれの国家が国民国家であるということを捨てたわけではありません。そういった形でネーション・ステートというのは、まだ少なくとも、どれぐらいでしょうか、二〇年、三〇年のうちに無くなるということはないだろうと思います。

ネーション・ステートをやめたことによって、デモクラシーなり、主権というものが崩壊することのほうが僕は怖いわけです。そうしたときに、僕は日本という国家を解体してアジアにしてしまえと、全く思っていません。緩やかなつながりというものをアジアとどういうふうに持つことができるのかというのが、アジアという問題であり、東アジア共同体の問題なんだろうと思います。

ですから、これは後者の天皇の問題ともかかわるかもしれませんが、ヨーロッパの諸国が立憲君主制というものを捨てずに、君主を捨てずにある種のEUというものを構成しているのと余り変わらない状況として、日本は天皇制というものを持ちながら、アジアと緩やかな共同性を持つということは可能であろうと、僕は思ったりしています。

議長（有馬）　ありがとうございました。それでは、少し話を先に進めていきたいと思います。午後の部の冒頭で問題提起をしていただいたお二人に対してもコメンテイターから質問がありましたので、それらを含めてご発言をいただきます。劉傑先生からお願いします。

「和解」の三つのレベル

劉　幾つかご質問をいただきました。その幾つかのご質問は相互に関係しておりますので、ちょっと整理しながら、考え方を少し述べさせていただきたいと思います。

一つは持続可能な和解の問題です。東アジアの国際関係の中で、和解がなかなか成立していないという現状をどうとらえるのかということです。和解を持続させるためには、先ほど私の話の中では、いわゆる政府間の和解は七〇年代、あるいはもうちょっと遡って六〇年代から徐々に形成されていったというふうに申し上げましたが、先ほど徐さんが「政略的和解」とおっしゃっていましたけれども、そういう側面があるかもしれません。これを「政治的和解」というふうに考えていいと思います。

しかし、政府間の政治的和解と「知的レベルの和解」とは違うもので、「知的レベルの和解」は思想性の問題と関係しているのかもしれません。それからもう一つのレベルは「民間レベルの和解」です。これは「心情的和解」というふうに言っていいかもしれません。

ですから、私はこの三つのレベルの和解があると思います。アジアの中では「政府レベルの和解」、これは一応実現されているように思いますが、しかし、これはなかなか持続できません。なぜかというと、「知的レベル」と「民間レベル」の和解が、これを支えておりませんでした。その結果、政府間の和解も常に不安定な状態が続いています。そういうような状態をどう克服するのか、まさに我々がアジアを語ることの意味もここにあると思います。

それから、具体的な問題として、いわゆる対日協力者の問題が質問にありました。いわゆる国家と民族内部の和解というものが、国家間の和解と非常に関係している問題であるということを申し上げたわけでありますが、対日協力者の問題は、民族内部の和解に関係する問題です。対日協力者に対する姿勢は、戦後の中国大陸においても、あるいは朝鮮半島においても非常に厳しいものがありました。しかし、歴史研究の対象として研究されるのは比較的最近のことであります。戦後の中国では、対日協力者に対する裁判を行うことによって一応総括しましたが、しかし、これは法的な総括、あるいは政治的な総括であったわけですね。これを知的なレベルでどう総括するのか。国民一人ひとりの心の中でどう総括していくのかということは、まだ行われていないのです。知的レベルの総括といえば、歴史研究のレベルで語らなければならないわけですが、しかし、中国の「知」の現代化の今は、それを十分に語る空間がまだできていません。歴史家の深刻な悩みであります。

それから、国民党と共産党の和解の問題、日中間の和解の問題、反日感情の問題、いろいろご質問をいただきましたけれども、これはいずれも先ほど言いました「和解」の三つのレベルと関係しますが、つまりこの三つのレベルは非常にバランスが悪くて調和がとれていない。そういう状況の中で発生したことであると思います。これも長期的な課題ですので、アジアをどう語るかという大きな視野の中で議論していく必要があろうかと思います。

議長（有馬）　ありがとうございました。今、和解の問題について非常に詳しくお話をいただきました。劉先生のこの問題に関するお考えといいますか、腑分けの仕方というのは、我々にも大変示唆的なご発言だったと思います。

実はフロアのほうから、それに関するご質問がございまして、国交正常化は国家間和解の象徴であると言われたけれども、戦後補償問題、朝鮮人強制連行・強制労働訴訟に見られるように、全然和解していないではないか、解決していないではないかというご意見です。劉先生のご発言に対する誤解もちょっとあるのかなと思いますが、直接、劉先生からお願いします。

劉　つまり戦後補償の問題を含めて、これを全部、和解の中で一括的に考えるという考え方だろうと思いますが、先ほども申し上げましたように、政府間の和解というものは非常に政治的な決断でした。それから和解のプロセスを見ますと、先ほど徐さんの発言の中にありましたけれども、国民的コンセンサスのないまま実現されたという現実は確かにあります。

では国民的コンセンサスのない状況の中で達成された和解というものを、政府間の和解と見なすのか、見なさないのか、あるいは有効なのか、無効なのかと、こういうことでありますが、私は基本的には、歴史に対して真摯になり、それを認めた上で問題提起をしていかなければならないと思うわけです。

国民的コンセンサスという点について申し上げますと、補償の問題、賠償の問題について、政府の決定、決断に対しては、国民の一応のコンセンサスはあったと思います。何でそういうことが言えるかというと、当時の政治状況の中では、恐らく政府の判断に対して異議を唱えることはほとんど不可能でした。これは思っても発言できないという意味ではなくて、本当に皆さんは賛成していたと私は思います。これが当時の中国の状況だったわけです。

今、状況が変わって、いろんな発言ができるようになったから、そのときはコンセンサスがなかったというふうに言うことは、歴史そのものに対して少し謙虚でないのではないか、そういうふうに思うわけです。したがって、そういう歴史事実を踏まえて、補償の問題を考え直さなければならないと思います。これは中国側の視点から見た場合であります。

もちろん日本の立場から見た場合には、戦後の占領、改革などの一連の流れの中では、日本のほうでは意図的に、あるいは非意図的に隠してきたこと、行おうとしなかったこと、これは当然ありますが、それはまた別の考え方でとらえなければならない問題だろうと思います。

議長（有馬）　ありがとうございました。劉先生、非常に懐の深いご判断だったと思いますが、徐さん、何か重ねてご発言がありますか。

徐　では少し補足させていただきます。私の考え方は劉先生とは少し違って、中国は日本との国交正常化をする際に、むしろ毛沢東と周恩来が積極的にイニシアチブをとったと考えています。つまり、国家指導者たちは、そのカリスマ性によって、国民たちからある種の同意を獲得したのではないかと思うのです。

というのも、周恩来は、日本との国交正常化について、国民、あるいは地方政府の幹部たちに説明するのに困難を要したと言われています。そのような状況の中で日中国交正常化がなされたわけです。もちろん私はこういったようなことをお断りした上で、劉先生の意見に同意します。つまり、政治的和解が実現した一方で、民間レベル、そして知的レベルでの和解がいまだ残されています。

私たちはその和解の実現を促進していかなければならないと思います。

議長　ありがとうございました。では、李先生のお話を伺った後で、もう一回包括的な討論をすることにいたします。では、李先生、お願いいたします。

「東アジア史」の可能性

李成市　グスタフソンさんから「東アジア史は問題解決と解放に貢献できるのか」という趣旨のご指摘がありました。

私は発表の中でも申し上げたとおり、東アジア史というものがあり得るとすれば、国民国家の拡大版のように、日中韓が同じような共通の歴史を歩んできたということを強調するために、その共通性を探し出して、予定調和的な一体性を描いたようなものになってはいけないだろうと考えています。歴史は常に現在に立脚して、現在に対する分析と、その問題の解決を求めて、それらの問題の矛盾を生じた由来みたいなものを遡及していくような発想で、歴史が描かれなければならないだろうと思います。それはある意味では、ヨーロッパの歴史が示すとおりです。

李成市氏

ヨーロッパ人の世界史、それは徹底して自分たちの世界史でもあったわけですが、そういう根本的な人類史の体系化というのは、一五〜一六世紀の自分たちのキリスト教的世界とは全く違った世界と出会って、自分たちをどうやって位置づけたらいいのかという危機意識の中から出てきて、最終的にはヘーゲルによって体系化の枠組みが形作られ、やがて今日見るような世界史になるという道筋をたどると大雑把にみています。

一方、そのような世界史に対して、上原専禄氏のように、彼が一九五〇年、六〇年代に日本人として戦後世界に向き合ったときの危機意識の中から、日本および東アジア諸国の諸矛盾を解決するための自分たちのための世界史があり得るのではないかというところから発想した東アジア史や世界史というものについて、私の発表の中で触れました。

そのような発想に倣うならば、二一世紀初頭の現在の視点から、日本や韓国、中国がお互いに仕方なく抱え込んでしまった問題がいかに生じたのか、そのような矛盾が拠ってきたる共通の根源的な問題点の由来を探し出すことを可能にするような東アジア史というものがあってもいいだろう、あり得るだろうと思うのです。

先ほど、松本先生が辛亥革命に言及されましたが、私は辛亥革命について少し違った見解を持っています。これは私の独自な考えではなくて、西嶋定生氏の考え方ともいうべきものです。西嶋氏は東大で三〇年以上、東洋史の研究、教育に従事された方ですけれども、駒場でも一般教養の授業をなさっていました。当時の講義を受講していた私の友人たちから聞くところによると、学生たちに皇帝制度を廃止した辛亥革命の意義をよく考えてほしいといっていたというのです。西嶋氏は、初め明代史の資本主義萌芽問題を研究されていた方なのですが、一九五〇年代の終わり頃から古代史研究に移り、「中国古代の皇帝支配の性格とその秩序構造」という問題に取り組まれたのです。近世史から古代史に遡り、中国史の本質としての皇帝支配の問題に着手するわけですが、それは上原専禄氏と高校の世界史教科書を実教出版で刊行された時期とほぼ重なるのです。

どういうことかというと、辛亥革命によって二千年来の皇帝制度がなくなったが、その皇帝制度というのはどのような起源と構造を持っているのか、それは東アジア史にとってどのような意味を持ったのか、そのような問題を探るために中国古代史に向かったとみることができます。

辛亥革命の重要性を西嶋氏はどういうふうに考えているか私なりに推測しますと、東アジア地域の王権というのは、皇帝なくしてあり得ません。朝鮮半島では紀元前後から王が出てきます。日本列島でも五世紀には大王が、七世紀終わりには天皇が出てきます。ベトナムでも独自の王朝の王が出てきて、興味深いことに内部的には皇帝を名乗っていましたが、これらの王権は、例外なく中国の皇帝が存在しなければ全くあり得ません。先ほど、松本先生が日本の天皇制について、中国の皇帝制度とは違う点に言及されましたが、そのような違いはあるでしょうが、差異よりは共通のところを探すと、骨の髄まで皇帝制度を下敷きにして天皇制が成立しています。自分のことを朕と名乗るとか、元号を採用するとか、あらゆる権力用語が皇帝制度の中から出ています。

要するに、辛亥革命の意義とは何かというと、この東アジア地域に二千年間、権力を根拠づけ、秩序づけてきたものの根源がなくなった。中国でも、そして朝鮮でもなくなりましたし、ベトナムではそれ以前になくなってしまった。しかし、この日本にのみ残ってしまった皇帝制度の遺制としての天皇制をどうしたらいいのかということを西嶋氏は突きつけているともみえるわけです。これはかなり厳しい問題でもあります。そういうことを西嶋氏は東大の学生たちに問うていた。西嶋氏は決して書き残しはしなかったけれども、教壇からそういうことを訴えかけていたのです。

東アジア史の諸問題の中には、そのような皇帝制度を派生させて成立していた二千年来の王権がこの地域の秩序を形成してきたのですが、その秩序が欧米列強との葛藤の中でなくなり、日本がその秩序に変わるべきものを形成しようとして破局を迎え、戦後にアメリカがこの地域に介入することによって、様々な矛盾を抱え込んでしまった。そういうような見立てが、西嶋先生や上原専禄さんなど七人の世界史教科書を執筆した方々の考えたことなんですね。

世界史というのは、今では無味乾燥で学生から唾棄される、忌み嫌われる暗記物になってしまっているけれども、これからこの日本を担っていく、日本国民として生きていく人々に、我々がどんな矛盾の中に生きていて、何を克服していかなければいけないのかという指針を与えるものが世界史だろうと考えていました。

だから、執筆者たちの第一回編集会議は「まず現在の日本の直面している危機の分析からはじめましょう」という上原専禄氏の言葉から開始されたことを西嶋氏は、「八年間のゼミナール」というエッセイで書いています（『図書』一九六〇年一〇月）。このような編集方針を持つ世界史の東アジア史（東洋史）を西嶋氏は担当したわけです。

つまり、先ほど私の発表の問題提起のところで申し上げましたように、世界史の教科書でなぜ東アジア史から書き始めるかというと、この人類史というのには、自己完結的な地域世界、たとえば、東アジア、南アジア、イスラム圏、西ヨーロッパといった地域が二〇ぐらいあって、それらの地域が一五～一六世紀のヨーロッパの大航海時代に、ヨーロッパの秩序の中で統合されていった。その歴史的な過程が世界史といわれてきた。そのようなヨーロッパ人が作り出した世界史を、アジア・アフリカ諸国という新しい秩序の中で組み替えていく努力をしていこう、そういう構想の中で東アジア史が展開されるわけです。

グスタフソンさんの「東アジア史は問題解決と解放に貢献できるか」というご質問については、このような発想の東アジア史であれば、自ずとその手がかりを提供できるのではないかと楽観的に思うのです。私の発表の際にも申し上げましたように、この東アジア地域に固有の問題の一つとして、人権や生命倫理について非常に共通した問題を抱えています。近代になり、西ヨーロッパの価値を受け入れながらも、人権に対しては余りにもナイーブなところがある。たとえば、臓器移植について安易に売買されるようなところがありますが、これは恐らく東アジアの伝統的な考え方（儒教）からすると、ありえない考え方でもありますね。

けれども、いわゆる欧米化したときに、この地域で価値転換が起こり、従前に持っていた価値を放棄してしまった。そういうような問題が恐らくあるだろう。これはそれぞれの国で考えても、なかなかわからないけれども、共通した現象としてあるわけです。死刑の問題については東アジアの前近代に関する研究があるのですが、それによると、日本でも朝鮮でも中国でもベトナムでも、巧妙に時の権力者が死刑を避けるようなシステムがあったようです。それがどうしてひっくり返ってしまうのか。この地域の共通の問題として検討することができるはずです。

あるいはレイシズムの問題、とりわけ外国人労働者の問題などでも、この地域では極端に外国人を同じ人間と見ないような人間観がなぜできたのか。これは前近代ではないと思うのです。そのような問題を立てて歴史を描けば、問題解決と解放に貢献できるような東アジア史というのは十分に可能だろうと思います。これが一つ、私に直接向けられた問いに対する応答です。

ついでながら、もう一つ他の先生方からも出された問題で、日本中心のアジア主義を相対化する必要について、あるいはアジア主義とナショナリズムの問題についての発言がありましたが、国家を超える地域（リージョン）を語るときには、自己中心的なナショナリズムの拡大版が必ず出てくるわけで、決して日本固有の問題ではないと思います。

これは私の考えではありませんが、台湾の陳光興という研究者が十数年前に書いた論文の中で、台湾にも自己中心的な広域圏というのがあることを指摘しています。それは黒潮文化圏というものですが、台湾はあの海流世界の中の中心だという世界観があり、保守派の文化史観があり、陳光興さんは、これを厳しく批判しています。

台湾だけではなくて、韓国でも金大中政権や盧武鉉政権のときに、韓国は地政学的に東アジアの中心にあり、我々はこの地域の中心になって問題解決をしていくのだということを言ったことがありましたが、近隣諸国からの同意はあまり得られなかったようです。そこで、後に東北アジアのバランサー（支点）という言葉に置き換えられましたが、これはある意味で韓国の東アジア論がナショナリズムと結びついたものとして、リージョンがもっている性格のバリエーションとして参考になるのではないかと思います。とりあえず、このくらいにしておきます。

議長（有馬）　私のほうから一つつけ加えると、ツヴァイゲンバーグさんの質問の中に、プロト・ナショナリズムを考慮すべきではないかというご指摘があって、これは東アジア諸国の国民国家形成過程の問題にかかわる、そういう意味ではおもしろい問題だと思うんですが、何か今ご発言があったら、伺いたいと思います。

李　ご質問の意図を十分に把握していないのではないかと恐れていますが、ツヴァイゲンバーグさんは、東アジアを論じる際に、国民国家形成前のプロト・ナショナリズムを考えないといけないという指摘をされました。

確かに東アジア諸国には、中国の中華思想のようなミニ中華思想やそれに基づく華夷秩序という周辺の民族を秩序づけようという政治思想がありました。それが、近代に出てくる国家を超えた広域秩序といかなる関係があるのか検討すべき問題だろうと思います。しかし、このような議論もあります。日本で「アジア」なり「東アジア」という地域概念が近代の早い段階に出てくるものの、中国ではなかなか国家領域を超える地域概念が案出されないのは、中華思想が根強くあるために、あらためて地域秩序を構想する必要性を感じないからではないかというのです。中国では、プロト・ナショナリズムが国家を超える地域構想を阻害しているということになります。

ただ視点を変えて、東アジア諸国では、時期的な幅も大きく、その内容にも差異があるとしても、広域の地域設定とナショナリズムに密接な関係があるとすれば、各国の地域主義を東アジア諸国の国民国家形成過程の問題と関わらせて論じることができるかもしれません。そのような例として、すぐに想起されるのは、朝鮮で国民国家の形成を目指したときには、まさに日清、日露戦争という帝国の狭間にあって、国民意識を形成しなければならないという危機意識が高まり、その中で啓蒙主義者たちが朝鮮史を構想するのですが、その代表的な人物である申采浩という人がいます。彼は中国東北地方の北部に最も早期に古代国家を形成した夫余を始めとして、かつて満洲国が展開した広大な地域を古代朝鮮の故地として設定し、そこに本来の朝鮮の領域を見出そうとします。それらの地域は、その後の諸国間の抗争（新羅と渤海との抗争など）や中国王朝の干渉によって喪失してしまったと考えました。朝鮮半島だけでなく旧満州をも含めてアプリオリに朝鮮民族、韓民族の故地とみる考え方は、現在まで素朴に引き継がれているところがあり、これが近年の韓国と中国との間の歴史認識論争にまで影響を及ぼしています。ここに国民国家の形成期のナショナリズムと地域の構想を見て取ることができるかもしれません。

また、先ほど述べたように、陳光興氏は、台湾を中心にすえた広域文化圏を批判していますが、そのような地域の設定がプロト・ナショナリズムとどのような連関を有しているのかは現在のところ答えを持ち合わせていません。ただ、補足的に申し上げると、陳光興氏は、黒潮文化圏を批判的に論じる際に、「準帝国」という言葉を用いて批判しているのですが、韓国や台湾で、広域の地域を設定し自国を語り始めた時期は、高度経済成長を遂げ、ナショナル・アイデンティティが高揚した、まさにそのような時期でのことでした。広域の地域圏の設定とナショナリズムが関わっているのは、歴然としています。

それからこれも補足ですが、韓国の東アジア論を提起した人々は、ナショナリストというよりは、非常にリベラルな人たちです。最初に東アジア論に関する本格的な論文が発表されたのは『創作と批評』という雑誌ですが、この雑誌は韓国では思想、文学、歴史に関する最もクオリティーの高い雑誌と言われているのですが、そのようなメディアでまず東アジア論が展開されます。その内容は必ずしもナショナリズムと直結する議論ではありませんが、そのような人々が地域論の口火を切ったというのも興味深い問題だと思います。

議長（有馬） ありがとうございました。それでは、フロアの方から質問を伺いたいと思います。

日中和解の課題

聴講者 先ほど日中国交正常化の問題の質問をしました。私は現在、「中国人強制連行・強制労働福岡訴訟の会」のメンバーの一人です。私が質問したのは、共同声明、それから条約によって日中平和が完全にできたかということなのですが、この七～八年の裁判を見ていると、最高裁に提訴した中国側の中国人強制連行に対する謝罪と賠償請求は完全に最高裁で否決されています。それから他にも七三一部隊、あるいは従軍中国人慰安婦問題、それから戦後の毒ガス問題など、いろいろあるんですが、要するに、戦後補償の問題がどれ一つ解決されていない。

田中角栄によって日中国交正常化がなされたからといって、決して日中平和友好は片づいていない。最近になって、小沢一郎訪中団が行ったり、鳩山内閣も戦略的互恵関係云々と言っていますけれども、真の意味の日中友好というのは、まだまだできていない。

それから先ほど、劉傑先生と徐涛先生、お二人の説明がございましたけれども、釈迦に説法かと思いますけれども、私の知っている範囲で言いますと、ご存じのように、今、日本にいらっしゃる東洋学園大学の朱建栄先生が一〇年来、日中国交正常化でなぜ中国が賠償請求権を放棄したかという問題で、非常に丹念に日本語で書いておられます。

それによると、周恩来が「日本人は我々の敵ではない。日本帝国主義が我々の敵であって、賠償によって何十年も日本人民に苦痛を与えるには忍びない」という政治的な判断によって賠償請求を放棄したと。その中に強制連行も含まれるのか、含まれないのかという問題があいまいなままになっている。政府はこれで全部片づいたとしていて、最高裁の判決もそれで逃げてしまっていると、現在そういう状況がある。

これ以上は言いませんが、やはり周恩来が日中共同声明のときに戦争賠償請求を放棄すると言ったことは、国際情勢、いろんな情勢の判断の誤りではないかと思うんです。

議長（有馬）　劉傑さん、何かお答えになりますか。

劉　今おっしゃったようなこと、つまり政治的な和解、七二年の日中共同声明そのものの意味は、非常に大きいと私は思っております。

今おっしゃったような、例えば強制連行の問題は、実はその時点では大きな問題として取り上げることはなかったわけであります。それはまさに政治的な和解のために、あえて隠した部分かも知れません。あるいは思い出せなかったとか、問題にする機会はなかったかもしれません。恐らくいろんな判断があって、そのように処理されたと思います。

ですから、七二年の日中関係の変化というものを、私はやはり重要視すべきだと思います。それは日中関係史の中の大変重要な出来事ですね。こういうことをまず認識した上で、しかし、強制連行の問題は、当時の状況の中ではあえて問題にしなかったわけです。しかし、現在の中国では、民主化の方向に進み始めると、いろんな意見が出されるようになりました。それが例えば裁判のような形で訴えることも可能になりました。

つまり当時、政治的な判断によって隠されたことを表に出すことは、私が言う「知的レベルの和解」と、「民間レベルの和解」の可能性が検討されるようになったということです。これを政府がどう答えるのかというような問題も生じています。

だから、持続可能な和解というのは、まさに知的レベルで、この裁判の問題を如何にとらえるのかということになります。したがって、和解の問題を、政治的レベル、知的レベル、それから民間レベルの問題として、それぞれ分けて考える必要があります。だからといって七二年の国交正常化の意味が小さいということにはならないと私は思います。

聴講者　意義が小さいとは私は言ってないんです。中国にはいろいろな点はあるというのもその通りですが、日本の最高裁で全部賠償請求権を放棄したから裁判はできないというのが決定的に二〇〇七年に出されているという状況なので、だから本当の意味の日中友好というのは現在できてないんだと、それを言いたかったんです。

劉　もう少し付け加えますと、中国には、法的な知識を持った政治家、国際法の知識を持った外交官などがどのくらいいたのかと言うと、ほとんどいなかったのではないかと思います。それが当時の中国の状況だったわけですね。

そのような状況の中で、まず何よりも日中国交回復というのが先決であるという判断がなされました。ですから、強制連行に関係するさまざまな問題は、その後法的な知識を用いて対応が可能となった後、表面化してきた問題です。表面化されて以来、日本がどう対応するのかという問題は、日本の司法と、日本の国民に突き付けられた問題となっています。もちろん日本の対応も求められます。その点はそのとおりだと思います。

議長（有馬）　ありがとうございました。それでは今までの議論を聞いた上で、午後の部でコメントしてくださった三人の方、グスタフソンさん、ツヴァイゲンバーグさん、徐さん、何か重ねて発言があれば伺いたいと思いますが、何かありますか。

徐　では、私のほうから申し上げます。先ほどの日中関係と申しますか、日中の和解の話について簡単に触れます。

確かに七二年の日中共同声明を以て政治的に決着がついたと、現在、中国の外交部も認めています。そして中国政府が、中国民間の日本に対する賠償についても明確に支持していません。そして現在、中国も日本に対して、特に軍国主義時代について、あくまでも一握りの軍国主義者と被害者の日本人民衆という二分化した歴史認識を持っているわけですね。そして七二年、日中国交正常化の共同声明において、なぜ中国は賠償を放棄したのか。日本国民は被害者であって、その状況において中国が賠償を要求するならば、彼らに対して大きな負担をかけるだけである。それは中国の毛沢東思想に合わないと当時の国家指導者は考えたのです。それ故、中国は日中友好のために放棄したのだというふうに歴史教科書に書いてあります。

しかし、その後、あるいは冷戦中の行動の中で日本がどういった政策をとったのでしょうか。七二年までは中国のイニシアチブで国交正常化に漕ぎ着いたわけですね。そして七八年に日中平和友好条約が締結されます。しかし、やはりこういう話は少し触れたほうがいいかなと思うのですが、東京大学名誉教授小島晋治先生はその本（『近代日中関係史断章』岩波現代文庫）の中に書いてある話です。六〇年代以来、小島先生が日本の高校歴史教科書の執筆をしていたときに、文部省の教科書の検定で、「日中戦争」を「日華事件」に改めるようにと強制された。そして「南京事件」についても、「自国の恥になるようなことは書くな」と言われて削除された。その後、国交正常化した八〇年代以降、こういった教育方針が少しずつ変わっていったのです。

つまり、国交正常化する段階の日本では明らかに民間のレベルというか、あるいは本当に真の和解を目指した日中友好を追求してこなかったといえます。その後、そういった時代にできた思想的環境、心情的和解の不在が日中関係に大きな影響をもたらしたのです。

ツヴァイゲンバーグ　賠償について、コメントで言ったように、国内の政治や国際法上の理由から、今日、日中間の賠償問題は行き詰まっています。そしてこれを打開するためには、市民社会が政府間交渉の更に上のレベルへと話し合いを導く必要があります。

そのために、例えば去年、北海道で行なわれた「市民がつくる和解と平和」会議のフォーラムで、世界中の非政府組織（NGO）や、韓国、中国、そして日本の市民社会の団体を招いて、既存の政府間交渉の枠組みを超えた市民同士の話し合いが国家間の外交問題解決及び関係の向上にどのように貢献できるかについてのディスカッションが行われました。

また別の例として、北海道では今、仏教の僧侶等が戦時中の強制労働で亡くなった人の遺灰を集めて中国などの遺族に返還する活動を行なっています。

このような国家間の枠組みを超えた市民社会の対話・協力活動は、日本においても、また韓国や中国においても、今後一層の規模、責任、そして努力を伴う形で続けられていくべきだと考えます。

グスタフソン　劉先生の対日協力者の質問に関するコメントは自分の研究と関係があるので、この話は興味があります。実はその対日協力者については、四川省にある民間の博物館、普通の博物館とちがって博物館の村みたいなものがあって、そこに抗日戦争と関係ある博物館がいくつもあり、中国のほかの文化についても展示があるんですが、そこに今から対日協力者について新しい博物館をつくる計画があります。ですから、これからはそれがもっと話題になるのではないかと私も思っています。

劉　その博物館のことは、私は存じ上げておりませんけれども、確かにこの分野の研究はこの二〇年くらいで以前に比べ、だいぶ様子が変っていて、いろんな研究が出始めているのですね。この問題を中国文化と関連付けて論ずるものや、政治、外交の視点から論ずるものもあります。そして、中国本土に限らず、台湾とかあるいはアメリカ、ヨーロッパにいる中国系の研究者たちもこの問題に非常に関心を持っています。戦争中、多くの地域に対日協力の政権がつくられていたわけですが、その政権の実態はいったいどうなっていたのか、まず歴史事実そのものを明らかにしていく必要があるのではないか。そういう視点からの研究も最近行われているわけですね。とにかく日中戦争の時代、広大な地域において、しかも中国の主要部ですね、対日協力の政権が存在し、その地域を事実上支配しました。もちろんこれは日本の軍事力を背景にしたものなんですが、そのような支配の実態は、実はいままでほとんど明らかにされていませんでした。おそらくこれからの仕事はその実態を究明していくことから始まるのではないかと思います。そういう意味で博物館あるいは図書館などができてもおかしくない現象だと私は思います。

冷戦構造とアジア

議長（有馬） ありがとうございました。それでは、残りの時間を使って、フロアからいただいた質問に可能な限りお答えいただきながら、少し話の脈絡をつけていきたいと思います。

一つは、中島先生にアジア主義の連帯と、それから当時の社会主義インターナショナリズムの連帯はどういう関係にあったのだろうか。例えば尾崎秀実のように、マルクス主義者なんだけれども、アジア連帯を唱えた人もいるというご質問がありました。

これにお答えいただきたいと思うんですが、関連して私のほうから皆さんに質問ですけれど、今日のお話を伺っていて、ちょっと不思議に思ったのは、戦後冷戦体制の問題が全く出てこなかったんですね。戦後の日本とアジア、あるいはバンドン会議の話題もちょっと出ましたけれども、これを考えるときに、東西冷戦というシステムの中に東アジア諸国もあったということは、非常に重要な要素であるだろうと思うんです。

もっと言うと、遡ると戦前から戦後にかけての東アジアの国際関係の中で、やはりソ連というのは非常に重要な役割を果たす要素の一つであった。もっと遡るとロシアもそうだと思うんですが、そういう東アジアにおけるソ連要因というふうなものを、このアジアを語る枠組みを考察する際にどのように入れていけばいいのか。あるいは入れなくてもいいのかという問題があるだろうと思います。その辺のことも含めて、まず中島さんからお願いします。

中島　それほど詳しい分野ではありませんが、もちろん尾崎秀実*は非常に重要だと思いますし、この尾崎秀実がやはり近衛内閣のときに昭和研究会などを通じて三木清*らと連帯したというのは、もう一度アジア主義の文脈の中で見ておく必要があるだろうと思います。

三木清という人は非常に複雑でして、やはり日中戦争の拡大を止めたい、それを思想的に何とか歯止めをかけたい、その中で体制の中にもぐり込んでいくという選択をした人物であったんだろうと思うんですが、それが彼の場合にはついえていって、非常に悲劇的な亡くなり方をした人物です。

僕は、三木清は非常に好きなのですが、この三木とか、あるいは尾崎秀実の「東亜共同体論」、一九三〇年代の後半に出てきたもの、こういうアジア主義の中で、また別ルートで出てきたアジア主義の議論をどういうふうに位置づけ直すのかということがまた問われているんだろうと思いますし、もちろん社会主義インターナショナルの問題も、その先にあるのだろうと僕は思います。もし松本先生から補足があれば、ぜひお願いいたします。

議長（有馬）　そうですね、私は松本さんとほぼ同年なのでと申し上げて、先ほどの上原専禄の問題は、まさに戦後冷戦体制の中で世界やアジアを語るときの枠組みの問題とかかわっていると僕は思うんですけれども、ちょっとその辺も含めてご発言をお願いします。

松本　戦後の冷戦構造の中では、アジアという言葉はほとんど意味がなかったんですね、米ソどちらの側に着くかですから、あるときまでは。極端に言うと、これは武田泰淳[*]さんが言っていますけれども、一九六〇年代まで、アジアという言葉は非常に評判の悪い言葉であると。大体結婚式をしても一〇〇組いたら、ハワイからアメリカ、ヨーロッパに行くのがほとんどであって、アジアに新婚旅行なんか行く人はいないというふうに、それくらい評判の悪い言葉ですね。

そしてその冷戦構造の中では、米ソの力、もしくは自由主義対共産主義という、イデオロギー対立の言葉だけが意味があるわけで、歴史を見るときにも、アメリカに属するのか、ソ連に属するのか、共産主義が勢力を支配するのか、そして自由主義がそれに対抗するのかということだけであって、その構造の中ではアジアという言葉はほとんど意味がなかった。その場合に使われたのが、先ほど私がちょっと指摘しましたけれども、ヨーロッパは民主であって発展をし、そして豊かになるというキーワードです。その逆イメージとして、アジアは非民主的（独裁的あるいは専制的）であって、だから社会は停滞し、そして貧しいままであるというイメージですね。それゆえ、「アジア的な生産様式」とか「アジア的な停滞」という言葉で一九六〇年代までは全部使われていた。

ですから、冷戦構造が盛んであったとき、非常に厳しかったときには、アジアという言葉はほとんど意味がなかった。それが一九六〇年代の末ぐらいから、日本が経済発展をすることによって、日本がアジアで初めてオリンピックをし、経済的発展をした、という意味でプラスイメージに転化し始めた。

日本の戦前はテリトリーを大きく、領土を大きく、たくさんの天然資源を手に入れれば、その国は発展できるという戦略（テリトリー・ゲーム）だった。それが戦後は建前とすれば軍備も放棄した形になって、戦後はしっかりとした産業を持って貿易を盛んにすれば、その国は発展できるという日本モデル（ウェルス・ゲーム）をつくったんですね。

この日本モデルという戦略で、日本が六〇年代、七〇年代、高度経済成長を始めた。そのときにもまだアジアという言葉では日本自身のことは語られていなかった。日本がせいぜい自分たちで、アジアで初めてオリンピックをした国であるとか、アジアに新幹線が敷かれるようになったというくらいです。一九六四年の東京オリンピックのときまで、我々は思い出してみればわかるんですが、日本には新幹線もなかったのです。六四年からできたんですね。それから高速道路もなかった。高層ビルもなかった。九階建て以上の高層ビルを建ててはいけないというのが、当時の内部通達なんです。それはなぜかと言うと、皇居のそばにある一番高い建物が帝国ホテルで九階建てなんですね。これ以上高くすると、皇居の中が見下ろせてしまう、これは不敬であるというので、九階建て以上の建物は建てられなかった。

日本はオリンピックをすることによって、欧米の人が来るのに、なんだ九階建ての建物しかないのか、高速道路もないのか、速く走る列車もないのかというふうな形で、これらに対して働いていた規制を全部撤去するという形で欧米並みに並んだ。

つまり、基本路線としては明治と同じ脱亜入欧ですね。アジア唯一で欧米と横一線に並んだ日本ということであって、せいぜいそういうレベルで使われている言葉、アジアで一番というふうな自己主張ですね。そういうレベルで考えられていたのであって、アジアの歴史的な意味とか、アジア全体が経済的に発展をしようとする意味とか、あるいはもう少しアジアに文明史的な独自性があったのではないか、という西洋近代へのとらえ返しのようなものは全く起こっていなかったのです。

日本モデルができて、高度成長を始めた七〇年代があって、世界第二の経済大国、ジャパン・アズ・ナンバーワンというふうに八〇年代にちょっと踊らされていた日本人がおりました。しかし、その日本モデルを利用して、四つの小竜（シャオロン）ですね、韓国、台湾、香港、シンガポールが経済発展するという新たな歴史段階が、一九八〇年代後半から始まってくる。

そうすると、そこでどうやらアジアの小さな国々、資源もほとんどないような国々でも、貿易を盛んにしてしっかりとした産業を持っていれば、戦後日本のように発展できるのではないかと言われたころから、「アジアの繁栄」とか、あるいは「台湾の奇跡」とか、そういう言葉が使われるようになった。そしてそれを追いかけてくる中国、さらにインドが出てきたというので、もしかしたら二一世紀は「アジアの世紀」になるかもしれないということが、九〇年代の半ばから言われてきた。

九〇年代とは何か、といえば、冷戦構造が解体して、ベルリンの壁が崩れたのが八九年ですね。八九年まで冷戦構造下では、アジアの意味というのはほとんど世界史的には問われたことがなかった。竹内好さんだけが、アジアを「抵抗」という概念で捉えようとしていた。経済的なレベルでは、九〇年代にアジアがみんな発展し始めた、ということで、それとともに政治的なプレゼンスを発揮し出しているとか、それによって、ＡＰＥＣ（アジア太平洋経済協力機構）も始まる、あるいは歴史的な意味、あるいは文明的な新しい世界が開けるというふうな形でアジアをもう一回見直す動きが出てくる。先ほど李さんのほうから東アジア論が韓国の中で盛んになってくるのは一九九三年からだというお話がありましたが、そのときまではまだ四つの小竜が日本を追いかけている、その後を中国、インドが追いかけているという経済レベルでのとらえ返しだった。

ところが、今やアジアの国々が国民国家をみんなつくり始めて、そしてそこでナショナリズムが強くなってきた。その前提としてそれぞれに経済的な発展をして、政治的なプレゼンスも確立してくるという形で、もっと多くの権益を欲しい、あるいは領土も、例えば竹島領土問題は領土ナショナリズムだと思いますが、そういうふうな意味でのナショナリズムがアジア各国で非常に強くなってくる。そのように、九〇年代末から二一世紀の新しい時代状況が出てきたんだと思うんです。

ですから、そこのところで初めてアジアが世界史的意味を持ってきたわけで、冷戦構造がしっかりしていた中では、あるいは非常に厳しかった時代においては、アジアはまだ世界史的意味がなかったと考えてみたほうがいいと思いますし、それが九〇年代ぐらいから出てくるようになったということだと思います。

そういう過程で東アジア共同体という構想も出てくるわけで、これは外務省が考えているような、アジアを一つの経済市場にしようというようなことではない。では、どういう意味があるかというと、ナショナリズムというのは、やはり国家が独立をする、民族が自立をする、植民地から解放されるという形においては非常に大切な思想的ベクトルであって、また、その国家は国民国家という国民主義、それもナショナリズムの一端ですが、そういうふうな経緯で一九七〇年代、八〇年代にアジアの国々のナショナリズムが強くなった。

そうすると今度は、ここの領土はおれたちのものという国益主義が出てくる。その結果、南沙諸島の島は中国のものであるとか、フィリピンのものであるとか、ベトナムのものであるとか、台湾のものであるとか、という形での争いが出てくる。そこはいま八カ国で争っているわけです。こういった問題を議論する共通の場というものはアジアにはないのです。

ですから私は、「二一世紀はアジアの世紀になる」という雑誌の特集が九六年ごろに組まれたときに、「アジアの世紀はまだ来ない」という論文を書いたわけです。アジアで共通に起こっている議論、あるいは紛争として起こっている事態を、なぜ国連という場に持っていったり、あるいは貿易の問題でいうと世界貿易機関（ＷＴＯ）に持っていくのか、あるいはまた、通貨の問題では、ＩＭＦにどうしてお金を借りにいかなければならないのか、と。一九九七年に香港が返還される前、アジアの国々はまだ経済発展のための通貨量が不足している。金融的な足腰の地盤がまだ固まっていない。確かに経済発展は始めたけれども、欧米のヘッジファンドから資金を借りている、短期資本を借りているだけで、明日返せと言われて、実際に香港返還の次の日には、タイのバーツが暴落する、次に韓国のウォンが暴落する、マレーシアのリンギットが暴落をする、インドネシアのルピアが暴落をする。一週間ぐらいのうちにアジア諸国はみんな通貨危機になって、アジア通貨危機というのが起こった。

なぜアジアの国々がみんな通貨危機になってしまったのかというと、全部欧米の短期資本を借りていて、香港を取り返されるぐらいなら、もうアジアにお金を貸したくない、これからは資金を回収するという形で、マレーシアなんかはあっというまに通貨量が三分の一になってしまったのです。韓国ウォンも暴落していた。そのときに金を貸してくれるような金融システムが東アジアにない。だから、日本があらかじめアジア通貨危機の前に、アジア・コモン・ファンドというのをつくっておこう、それによってお互いのお金をプールしておいて、一国が通貨危機になったら、それを使って回復させるというシステムを作っておかなければいけないと提案したときに、アメリカはこれをアメリカ抜きの通貨基金なんていうのは認めないという形で、アジア・コモン・ファンドというのはつぶされたわけです。

ところが、その結果として、韓国のウォンが暴落をして、国内通貨が三分の一になってしまった。そうすると、個別に日本からお金を借りるのと並行して、ＩＭＦからお金を借りるしかないわけです。ＩＭＦというのは、アジアの社会構造とか体制というものを全く無視して、とにかく韓国は三分の一リストラしろという、リストラの方式というのが全部決まっていて、アジアであっても、ヨーロッパであっても、みんな同じようにお金を貸してくれるけれども、三分の一リストラをしろというふうに言われた。結局、韓国の場合にはＩＭＦ失業というふうに言われて、三分の一の人が首切られてしまったわけです。そういう問題が起きたんですね。

いずれにしても八九年ぐらいまでというもの、ベルリンの壁が崩れる前までは、世界史の中でアジアという言葉が意味を持たなかった。いや、実際の問題としてどんどんアジア「間」貿易、アジア「間」外交というのは増えてきていたのですが、世界史の動きというものを米ソ対立、イデオロギー対立の問題で全部解こうとしていたということですね。これが要するに、アジアという言葉が世界史的な意味としては、竹内好さんの「抵抗としてのアジア」という仮説以外には出てこなかった理由だと思います。

議長（有馬）　ありがとうございました。

李成市さんの先ほどのお話の中に出てきた問題というのは、五〇年代に学問的に成立していった東アジアという概念、これは非常に説明能力が高くて論理構成がしっかりした枠組みですから、とても大きな影響力を持った。東洋史の世界では「西嶋史学」なんて言う人もいるわけですけれども、そういうふうなものは上原専禄の例に見られるように、一九五〇年代の日本が置かれた現実との非常に強い緊張感を持った格闘の中から生まれてきたんだというのが、李先生のご発言の趣旨だと思うんですが、ちょっと伺いたいのは、私などは、その現実との格闘というものを枠づけていたのは東西冷戦の東アジアにおける構造ではないかというふうに思うんですね。そうすると、そこに上原専禄の場合にも、ある政治性というのがあるのではないかというのが私の質問ですが、いかがでしょうか。

李　ご指摘のあった政治性という点では、上原専禄氏の歴史観には、とても政治性が強いというのは事実です。具体的に申しますと、実教出版の世界史教科書は一九五八年の定期検定の際に不合格になります。当時の文部省の改定要求に従うことをやめて、これを一般書として『日本国民の世界史』という書名で一九六〇年に岩波書店から出版されます。したがって、このテキストが検定の対象となったと見てよいと思いますが、この本の最終章の末尾には、少し私の解釈も加えて述べますと、日米安保条約がある限り、この日本に未来がないというようなことが書いてあるわけです。この当時の文部省が許さなかったのは、他にもあったのでしょうが、このような叙述も問題にされたはずです。そのような強い政治的メッセージがこの教科書には込められていました。

上原専禄氏、西嶋定生氏だけでなく、西嶋氏と「盟友」とも言うべき関係があった日本古代史・中世史の大家として著名な石母田正氏*にもまた同様に「東西冷戦の東アジアにおける構造」に由来する政治性をその研究の中に見出すことができます。石母田氏は、一九六〇年代に「古代の帝国主義」という論文を書くのですが、ここで、古代にも帝国主義があって、古代日本は、東アジアのミニ帝国主義（「東夷の小帝国」）であったという議論を展開しています。

石母田氏が提唱した「東夷の小帝国」というのは、五世紀の倭国が、倭の五王の時代に南朝の宋に朝貢し、朝鮮半島南部の支配権を要求したのですが、このようなあり方が典型的な東夷の小帝国であるというのです。今日では五世紀の段階に大和王権が朝鮮半島南部を支配したということを言う歴史研究者はおりません。ところが、石母田さんは当時の学説を前提に、五世紀の中ごろに大和王権は朝鮮半島南部を支配していて、南朝の宋にその支配権を要求しそれが認められたと解釈して、これこそが「東夷の小帝国」であると論じました。これはある意味でメタファーであって、石母田さんの主張には、大和王権が南朝の宋に朝鮮半島南部の支配に対する承認を得たという姿を日米安保条約に例えて、冷戦下における戦後日本がアメリカの傘のもとで行う韓国、台湾、東南アジアに対する小帝国的な活動を、我々は見過ごしてはいけないというメッセージが込められていたのです。

ですから、先ほど松本先生がご指摘の「冷戦とアジア」という点では、この石母田氏の議論にしても、確かにアジアに独自の価値を見出しているわけではなく、あくまでも日本を問題にした歴史認識といえるかもしれません。しかしながら、松本先生のように、その当時、日本人にとってアジアが全く価値を持っていなかったかと言い切れるかという点では私は違う意見をもっています。

たとえば、一九七〇年にNICS（新興工業国）地域一〇カ国から、一九八〇年にNIESというように四地域に限って、つまり韓国、台湾、香港、シンガポールだけが六カ国の脱落した後も継続して経済成長を遂げていると世界中で注目されました。そのときに出てきたのが、この地域ではなぜ経済発展を持続させることができたのかという問いが立てられて、それは儒教文化圏だからだという異様な議論が、ヨーロッパと日本のオピニオンリーダーによって真剣になされた時代があったわけですね。

けれども、今になって考えてみれば、これは冷戦と開発独裁の産物だということが簡単に言えるわけでして、やはりそういう点では「冷戦とアジア」のなかで、アジアの価値について問題にしなければいけない課題だと思います。

分脈を読み取る力

議長（有馬）　ありがとうございました。まだこれも幾らでも発展できる議論だとは思いますが、時間のほうがだんだん迫ってまいりました。残り時間でフロアからの質問を少し続けたいと思います。非常に大きな観点からのご質問が多く、具体的にお聞きになりたいこともたくさんありますので、そういうご質問に今から少しお答えいただきたいと思います。

まず、これは松本先生と中島先生にご質問ですが、松本先生は北一輝への関心から当然宋教仁にご関心がおありだろうと。それに対して中島先生は孫文に関心を寄せておられると。日本ではなぜ孫文にだけ関心が集中したのでしょうかということですが、いかがでしょうか。

松本　宋教仁*というのは中国の武昌で、辛亥革命のときに、北一輝と一緒のベッドに寝ていたぐらいに仲がよかった。二人とも性格的にも、またナショナリストであるということと、論理的に物が考えられるというふうなこともあって、年齢も同じということもあって仲がいいんですね。

しかし、宋教仁自体は大正二年に、早くも袁世凱*政権によって暗殺されてしまう。国民党というのは、実は宋教仁がつくったんです。党の創立者が宋教仁であるということです。けれども、早く暗殺されてしまったこともあるし、国際的な人望のある孫文が非常に大きな統合者となった、ということです。孫文のほうは、その当時の社会主義的な政策というものを受け入れる。つまり「国共合作」というものを考える。とにかく中国にとっては統一というものがまず一番重大なので、政策が社会主義的であるかどうかなんてことは二の次であるということで、宋教仁が亡くなった後、国共合作を志向した。中国にとっては、今は統一というのが一番の最大のテーマであるということを考えていったから、結果的に、孫文の場合には台湾においても中国大陸においても国父というふうに言われている。

しかし、国民党の創立者ということ、あるいは雩州憲法をつくったという先見性、そしてネーションステート、国民国家をつくる、そしてその国家を政党、つまり国民党によって率いていくという明確な論理を持って行動したのは、多分、宋教仁だろうと思います。しかし、それは国民的な人望の問題とは違う。「国共合作」の問題をふくめて、孫文のほうに国民の民族的な人望が寄っていったというのは歴史的に然るべきことだろうと思います。

議長（有馬）　ありがとうございました。それからもう一つ、李成市先生にフロアから質問ですが、ベトナム自体は東アジア史に関心を示しているのだろうかというご質問ですが、いかがでしょうか。

李　ベトナムが東アジアという地域の枠組みに関心を持っているかということについてですが、私は残念ながらベトナム人の研究者との学問交流がほとんどないのです。ただ、今一〇年ぐらいかけて東アジア史というテキストをつくっているのですが、そこにベトナム人の方が加わって下さっています。ですから、全くないわけではないということだけをお答えします。

議長（有馬）　ありがとうございました。それからもう一つ、李成市先生に対するご質問で、これは案外いろんな方がご関心をお持ちではないかと思うんですけれども、日・中・韓共通歴史教科書は可能かというご質問が来ておりますが、いかがでしょうか。

李　近代史、現代史の共通テキストは出版されました。教科書ではありませんが、このテキストは既に日・中・韓で日本語、韓国語、中国語で出ていて、それにかかわった方によく聞いてみますと、それぞれの言語のテキストには、ニュアンスの違いがあって、出版後に、そのことが問題になっているそうです。

共通のテキストづくりについて申し上げますと、先ほども私の発表のときに申し上げたように、韓国では東アジア史の教科書づくりをやっていて、その際に、中国や日本から研究者を招いて、さまざまな意見を聞いているようです。先月一一月（二〇〇九年一一月）には、岡田外相による東アジアの教科書づくりをやるつもりがあるという発言を受けて、韓国では東北アジア歴史財団という機関が日中韓の研究者を招いて、日本の民主党政権がどれぐらい本気でやるつもりがあるのかという議論をおこないました。

共通の歴史教科書が東アジアで可能かどうかということですが、私が思うのは、かつて上原専禄さんたちが言ったような、思い切って我々の世界史の枠組みで、新たな歴史を見ようという意気込みがあればできると思うのです。ただ国民国家の枠組みをそのままにして、条約交渉のように、どこで妥協するかというような、そういうことをやっていたら、これは東アジアの共通の教科書という名にふさわしいものにはならないと思います。

議長（有馬）　劉傑先生、そのことについてはいかがでしょうか。可能性があるか。あるいはそういうものがどのぐらい有効であるかということを含めてでも結構です。

劉　理想としては、私はそれが当然あっていいと思いますが、孫歌さんかどなたかがおっしゃったことがありますが、三カ国による歴史の対話にしても、知的な交流にしても、これを中華料理で例えれば、前菜にするのか、それとも野菜炒めにするのか、こういうことだろうと思います。

前菜というのは、いろんな料理があって、それぞれ別々に並べてあります。これは前菜であって、つまりお互いに関与しない、自分の主張したいことを主張する。しかし野菜炒めだと、いろんな野菜がそこに混ざって一体になっている。恐らく東アジアの共通の教科書というものをつくる場合には、どれを目指すのか。前菜のようなものはつくりやすいかもしれません。しかし、味を一つにして、一つのまとまった料理にするというのは、これは相当難しいのではないかと思います。
しかし、先ほどの私の言っていることを何度も繰り返しますけれど、知的な仕事はどうしても長期にわたっての努力が必要です。知的和解には、いろんなものが含まれております。まさに今はその知的和解に向けての枠組みをどうつくるのか、その第一歩をやっとこれから踏もうとしている状態であります。その延長線上に共通の歴史教科書の問題があるのではないかと、そういうふうに思います。

議長（有馬）　ありがとうございました。大変申しわけありませんが、時間の都合でご質問はここまでにさせていただきたいと思います。非常に重要なご指摘がたくさん今日のお話の中で出たと思います。

特に、皆さん共通してお持ちいただいていると思うのは、今や何の前提もなしにアジアというものを語る、あるいは日本がその一員であるということについて意味づけを行うということはできないだろうということですね。

そうすると、そういうときにさまざまな国の人たちがさまざまな形でアジアを語るとき、それぞれに異なる前提となる文脈というのが存在するはずであって、我々はやはり相互にその文脈を理解するというところから始めなければいけない。

劉傑さんが言われたように、歴史が過去との対話であるとするならば、対話しようとしている過去というのは、どのポイントの過去なのかということですら、既に我々はお互いにわからなくなっていたり、あるいは教えてもらわなければわからない。そういうような状況の中で、それぞれがいわば勝手にアジアを語っているというのが、もしかしたら現状かもしれないわけですね。

そうすると、我々は今日提起された前提となる文脈を聴く姿勢と、それから聴き取る能力というものを持たなければいけない、開発していかなければいけないし、相互にどのように聴いたのかということを交換しなければいけないということなのだろうと思います。

時間の都合で非常に簡単なまとめにしかなりませんが、以上をもって、このシンポジウムの総括にかえさせていただいて、会を閉じたいと思います。今日は長時間、どうもありがとうございました。

人物註解（五〇音順、本文中で＊印を付した人物）

葦津珍彦（あしずうずひこ）　一九〇九～九二年
神道思想家。福岡生まれ。戦前は東条内閣の思想統制策に反対。戦後、『神社新報』を中心に論陣を張る。最も良質な右派言論人として知られる。

石原莞爾（いしはらかんじ）　一八八九～一九四九年
陸軍軍人。「世界最終戦論」を構想。関東軍参謀として、満洲事変を引き起こし、満洲国建設を推進した。日中戦争では不拡大方針をとり、東条英機と対立した。

石母田正（いしもだしょう）　一九一二～八六年
歴史学者。四六年刊行の『中世的世界の形成』は戦後歴史学の出発を告げる名著。国民的歴史学運動を提唱し、当時の歴史学徒に大きな影響を与えた。

井筒俊彦（いづつとしひこ）　一九一四～九三年
イスラム学者・言語学者。驚異的な語学力を生かした比較思想史、とくにイスラム思想研究は世界的水準。「コーラン」の原典訳も有名。

犬養毅（いぬかいつよし）　一八五五～一九三二年
政党政治家。二九年、政友会総裁。二年後、内閣を組織したが、五・一五事件で殺害された。孫文の支援者でもあった。

上原専禄（うえはらせんろく）　一八九九～一九七五年
歴史学者。元一橋大学長。若くしてドイツ中世史研究の前線を担ったが、後年は世界史像の構築や社会問題への発言が目立った。

内田良平（うちだりょうへい）　一八七四〜一九三七年
　国家主義者。福岡生まれ。叔父は玄洋社初代社長・平岡浩太郎。若くして天佑俠に参加。〇一年、「黒龍会」を結成して、対露開戦を主張。「日韓合邦」を唱える一方、辛亥革命を支援した。

梅棹忠夫（うめさおただお）　一九二〇〜二〇一〇年
　民族学者。戦時下、今西錦司率いる中国・大興安嶺探検隊に参加。五〇年代に発表した「文明の生態史観」は、マルクス主義に代わる文明史モデルとして反響を呼んだ。国立民族学博物館の創設にかかわり、初代館長。

袁世凱（えんせいがい）　一八五九〜一九一六年
　中国の軍人・政治家。李鴻章のあと北洋軍閥を率いる。辛亥革命では革命派と妥協、宣統帝を退位させ、中華民国臨時大総統に就任。のち革命派を弾圧、帝政復活を図ったが失敗した。

大川周明（おおかわしゅうめい）　一八八六〜一九五七年
　国家主義者。一九年、北一輝らと「猶存社」を結成。五・一五事件で禁固刑。戦後、A級戦犯に指名されたが、精神障害を理由に釈放された。

岡倉天心（おかくらてんしん）　一八六二〜一九一三年
　明治期の美術界の指導者。フェノロサに学ぶ。東京美術学校校長。日本美術院設立。英文で『茶の本』『東洋の理想』などを刊行、日本文化を紹介した。

尾崎秀美（おざきほつみ）　一九〇一〜四四年
　ジャーナリスト・中国研究家。朝日新聞記者として上海に駐在中、ゾルゲと知り合う。のち近衛内閣のブレーンになるが、ゾルゲ・スパイ事件に連座して死刑。

岸信介（きしのぶすけ）　一八九六〜一九八七年
　政治家。東条内閣の商工相として戦時統制経済を推進。戦後、A級戦犯容疑で逮捕。五七年、首相に。六

○安保では、激しい反対運動の中、条約改定を強行した。

北一輝（きたいっき）　一八八三〜一九三七年

国家社会主義者。佐渡島生まれ。中国に渡り辛亥革命に参加。主著『日本改造法案大綱』は陸軍青年将校らに大きな影響を与えた。二・二六事件に連座して処刑。

陸羯南（くがかつなん）　一八五七〜一九〇七年

明治期の新聞記者。八九年、新聞「日本」を創刊。国民主義を唱えて藩閥政府に対抗。言論界に重きをなした。

幸徳秋水（こうとくしゅうすい）　一八七一〜一九一一年

明治期の社会主義者。堺利彦と共に「平民社」を興して日露戦争に反対。のち大逆事件の首謀者とされて処刑された。

坂本徳松（さかもととくまつ）　一九〇八〜八八年

国際政治評論家。日本ベトナム友好協会やアジア・アフリカ人民連帯日本委員会などを率い、第三世界との連帯に尽力した。

佐久間象山（さくましょうざん）　一八一一〜六四年

幕末の思想家・兵学者。信州松代藩士。開国論を唱えたが、尊攘派に暗殺された。門人に勝海舟、吉田松陰、坂本竜馬ら多彩。

重光葵（しげみつまもる）　一八八七〜一九五七年

外交官・政治家。終戦の際、外相として日本降伏文書に調印。のち改進党総裁。日本の国際連合加盟にも尽力した。

清水幾太郎（しみずいくたろう）　一九〇七〜八八年

社会学者。評論家。五〇年代は進歩派文化人の代表格。六〇年安保闘争で全学連主流派を支持、「今こそ国会へ」と呼びかけた。その後、戦後民主主義を批判、「国家」と「民族」に回帰した。

下中弥三郎（しもなかやさぶろう）　一八七八〜一九六一年
出版人。一四年、平凡社を創設、大百科事典などを刊行。戦時中は大アジア主義を唱え、戦後は世界連邦運動にも尽力した。

周恩来（しゅうおんらい）　一八九八〜一九七六年
中国の政治家。日本留学後、五・四運動に参加。三六年、西安事件で活躍。日中戦争中も国共合作に努め、中華人民共和国成立後は首相兼外相。

蔣介石（しょうかいせき）　一八八七〜一九七五年
中国の政治家。辛亥革命に参加。孫文死後、国民党の実権を握り、反共路線を強めた。戦後、国共内戦に敗れて台湾に逃れたが、大陸反抗を叫び続けた。蔣経国（一九〇六〜八八年）は長子。父の死後、総統職を継いだ。

宋教仁（そうきょうじん）　一八八二〜一九一三年
中国の革命家。〇三年、黄興らと華興会を結成。長江流域での革命を主張、これが一一年の武昌蜂起につながった。袁世凱と対立し、暗殺された。

相馬黒光（そうまこっこう）　一八七六〜一九五五年
実業家・文筆家。夫・愛蔵と共に新宿「中村屋」を開業。ビハリ・ボースやロシアの亡命詩人エロシェンコらを保護した。

高杉晋作（たかすぎしんさく）　一八三九〜六七年
幕末の志士。長州藩士。松下村塾で吉田松陰に学ぶ。六三年、「奇兵隊」を組織。藩論を倒幕に導いた。維新を前に病死。

竹内好（たけうちよしみ）　一九一〇〜七七年
中国文学者・評論家。早くから魯迅に傾倒。戦後は近代主義を批判、またアジア主義の可能性を論じて、戦後の思想界に独自の地歩を築いた。

武田泰淳（たけだたいじゅん）　一九一二〜七六年
小説家。四三年、中国での戦争体験を踏まえて評伝

『司馬遷』を発表。戦後、『風媒花』『ひかりごけ』などを出し、戦後派文学を代表する一人とされる。

タゴール　一八六一～一九四一年
インドの詩人。一三年、ベンガル語の叙情詩集『ギーターンジャリ』でアジア人として初めてノーベル文学賞を受賞。インド独立運動の精神的支柱。

谷川雁（たにがわがん）　一九二三～九五年
詩人・評論家。水俣生まれ。詩誌『母音』に参加、暗喩を駆使した新鮮な作品を発表。五八年から筑豊を拠点に文化運動「サークル村」を展開。主著『原点が存在する』『工作者宣言』は、六〇年代の知識人に大きな思想的影響を与えた。

陳独秀（ちんどくしゅう）　一八七九～一九四二年
中国近代の思想家・政治家。一五年、雑誌『新青年』を創刊し新文化運動を展開。二一年、中国共産党を創立、初代総書記になったが、八年後に失脚した。

鄭成功（ていせいこう）　一六二四～六二年
中国明朝の復興運動家。平戸生まれ。父は鄭芝竜、母は日本人。明の滅亡後も清に降伏せず、最後は台湾を拠点に反抗した。近松門左衛門の『国姓爺合戦』のモデル。

頭山満（とうやまみつる）　一八五五～一九四四年
国家主義者。福岡生まれ。萩の乱に参加して入獄。八一年、民権結社「向陽社」を母体に「玄洋社」を結成。次第に国権色を強め、大アジア主義を唱えた。孫文を積極的に支援。右翼の巨頭として政界に隠然たる影響力を及ぼした。

中野正剛（なかのせいごう）　一八八六～一九四三年
政治家。福岡生まれ。三六年、「東方会」を結成して、対外強硬論を主張した。日米開戦後、東条英機内閣打倒に動くが失敗、割腹自殺。

西嶋定生（にしじまさだお）　一九一九～九八年
東洋史学者。長らく東大教授を務め、戦後日本の東洋史学界をリードした。著書に『中国古代帝国の形成と構造』『中国経済史研究』など。

西田幾多郎（にしだきたろう）　一八七〇～一九四五年

哲学者。一一年、『善の研究』を刊行。「純粋経験」という言葉が当時の青年たちの心を捉えた。近代日本を代表する独創的哲学者。

橋川文三（はしかわぶんぞう）　一九二二～八三年

日本政治思想史研究家。六〇年刊行の『日本浪漫派批判序説』は新鮮な切り口で反近代思想を論じた名著。以降、政治から文学まで、戦中派を代表する論客として活躍。

鳩山一郎（はとやまいちろう）　一八八三～一九五九年

政治家。四五年、自由党総裁になったが公職追放。五四年、民主党を率いて首相に。日ソ国交回復を実現させた。

ビハリ・ボース　一八八六～一九四五年

インド独立運動の指導者。英総督への爆弾テロ事件の後、日本に亡命。新宿中村屋に匿われ、日本から反英独立運動を指導。また中村屋の長女と結婚、「インドカリー」を伝えた。

平野義太郎（ひらのよしたろう）　一八九七～一九八〇年

マルクス主義法学者。戦前は「講座派」の論客。戦中、『大アジア主義の歴史的基礎』などで大東亜共栄圏論を展開。戦後再び一転して、共産党系の文化運動を主導した。

広田弘毅（ひろたこうき）　一八七八～一九四八年

外交官・政治家。福岡生まれ。駐ソ大使、外相を経て三六年、首相に。翌年、近衛内閣で再び外相。東京裁判でA級戦犯として処刑。

ベルグソン　一八五九～一九四一年

フランスの哲学者。概念や分析ではなく直感的認識を重視し、「生の哲学」を唱えた。主著に『物質と記憶』『創造的進化』。

丸山真男（まるやままさお）　一九一四～九六年
　政治学者・思想史家。終戦直後、「超国家主義の論理と心理」を発表、戦後における天皇制批判の枠組をつくった。その後、講和問題や安保問題にも積極的に発言。戦後を代表する知性といわれる。

三木清（みききよし）　一八九七～一九四五年
　哲学者。パスカル研究から唯物史観に転じ、論壇でも活躍した。一時「昭和研究会」に参加したが、治安維持法違反で検挙され、敗戦直後獄死。

満川亀太郎（みつかわかめたろう）　一八八八～一九三六年
　国家主義者・アジア主義者。一八年、「老壮会」設立。翌年は大川周明、北一輝と共に「猶存社」を結成。著書『奪はれたる亜細亜』『三国干渉以後』も知られている。

宮崎滔天（みやざきとうてん）　一八七一～一九二二年
　中国革命運動の援助者。熊本県荒尾生まれ。九七年、来日中の孫文と交わり、〇五年、東京で中国同盟会設立に尽力。一時、浪曲師になり、桃中軒牛右衛門の名で「革命」を語り歩いた。自伝に『三十三年之夢』。

森崎和江（もりさきかずえ）　一九二七年～
　詩人・作家。朝鮮・大邱生まれ。詩誌『母音』を経て「サークル村」に参加。筑豊、朝鮮半島、海辺などに生きる女性たちの感性を独自の文体で掬いあげている。主著『まっくら』『からゆきさん』『海路残照』。現在、宗像市在住。

吉倉汪聖（よしくらおうせい）　一八六八～一九三〇年
　明治・大正期のジャーナリスト。韓国、中国で新聞を発行。天佑俠や黒竜会にも参加した。内田良平と共著で『露西亜論』を刊行。

吉田茂（よしだしげる）　一八七八〜一九六七年
政治家。四六年、第一次内閣を組織、以降五次にわたり政権を担当。五一年、サンフランシスコ講和条約に調印。経済重視・軽武装という戦後の政治路線を確立した。

吉田松陰（よしだしょういん）　一八三〇〜五九年
幕末の尊王思想家。長州藩士。ペリー再来航の折、密航を企てて失敗。萩で松下村塾を開き、高杉晋作らを育てた。安政の大獄で刑死。

李登輝（りとうき）　一九二三年〜。
台湾の政治家。蔣経国死後、本省人として最初の総統に就任。民主化、経済発展を推し進めた。退任後は「台湾団結連盟」を結成、自立志向を強めている。

あとがき

この本は福岡ユネスコ協会が二〇〇九年一二月一二日、アクロス福岡国際会議場で開催した福岡国際文化シンポジウム2009「いまアジアをどう語るか」をもとにまとめたものです。

福岡ユネスコ協会は昭和二三年、敗戦の混沌とした時代に産声をあげました。以来六〇数年、民間の手による国際文化交流の旗を掲げ、独立独歩の道を歩み続けています。

創立一五周年を記念した第一回九州国際文化会議は一九六二年、「日本における東西文化の接点としての九州」をテーマに開きました。一九七二年の創立二五周年第三回九州国際文化会議は「アジアにおける日本」がテーマでした。日中国交回復、ベトナム戦争の終結などアジアの激動を映して、きわめて先進的な試みがこの福岡の地で実行されました。ドナルド・キーン氏、鶴見俊輔氏、故加藤周一氏らからはいつも変わらない支援をいただきました。

古来、アジアとの交流の接点であった九州、そして、いままたアジアにベクトルを合わせ交流の窓口としての役割を果たそうとしている福岡。このような文脈から二〇〇九年のシンポジウムは『いまアジアをどう語るか』というテーマで取り組みました。

議長をお務めいただいた有馬学氏、基調講演をいただいた松本健一氏、中島岳志氏、発表者の劉傑氏、李成市氏はじめ多くの方々のお力添えにより、『いまアジアをどう語るか』をこのような形で刊行できたことに感謝いたします。有馬学氏にはシンポジウムの企画段階から多大なご指導ご苦労をいただきました。見出しを含め討論部分の編集および人物に関する註は、東靖晋氏の手を煩せた。また、出版化をすすめていただいた弦書房小野静男代表、装丁家毛利一枝氏にもお礼を申しあげます。

福岡ユネスコ協会事務局長　吉田浩二

〈著者紹介〉

有馬　学（ありま・まなぶ）
1945年北京生まれ。東京大学大学院博士課程満期退学。九州大学名誉教授。専門は日本近代史。著書に『日本の近代（4）　「国際化」の中の帝国日本』、『日本の歴史（23）　帝国の昭和』、『日中戦争期における社会運動の転換―農民運動家・田辺納の談話と史料』など多数。

松本健一（まつもと・けんいち）
1946年群馬県生まれ。東京大学経済学部卒業。法政大学大学院で近代日本文学を専攻。評論家、麗澤大学比較文明研究センター所長。専門は近代・現代日本の精神史、アジア文化論。著書に『近代アジア精神史の試み』（アジア太平洋賞）、『日本の近代（1）　開国・維新』（吉田茂賞）、『評伝　北一輝』（司馬遼太郎賞・毎日出版文化賞）、『竹内好論』など多数。

中島岳志（なかじま・たけし）
1975年大阪府生まれ。大阪外国語大学卒業。京都大学大学院博士課程修了。北海道大学公共政策大学院准教授。専攻は南アジア地域研究、近代政治思想史。著書に『中村屋のボース』（大佛次郎論壇賞）、『ナショナリズムと宗教―現代インドのヒンドゥー・ナショナリズム運動』、『中島岳志的アジア対談』など多数。

劉　傑（リュウ・ケツ）
1962年中国北京生まれ。北京外国語大学を経て、東京大学大学院人文科学研究博士課程修了。早稲田大学社会科学総合学術院教授。専門は近代日本政治外交史、近代日中関係史、現代中国論。著書に『日中戦争下の外交』（大平正芳記念賞）、『中国人の歴史観』、『いま、歴史問題にどう取り組むか』（共著）など多数。

李　成市（イ・ソンシ）
1952年名古屋市生まれ。早稲田大学文学部東洋史学科卒業、同大学院文学研究科博士課程修了。文学博士。早稲田大学文学学術院教授。朝鮮古代史、東アジア史専攻。著書『古代東アジアの民族と国家』『東アジアの王権と交易』『東アジア文化圏の形成』『創られた古代』『植民地近代の視座』（共著）など。

いま「アジア」をどう語るか

二〇一一年一一月五日発行

編著者　有馬学
松本健一・中島岳志
劉傑・李成市

発行者　小野静男
発行所　弦　書　房
（〒810・0041）
福岡市中央区大名二-二-四三
ELK大名ビル三〇一
電　話　〇九二・七二六・九八八五
ＦＡＸ　〇九二・七二六・九八八六

印刷・製本　大村印刷株式会社

ISBN978-4-86329-064-8　C0021